赵一曼的故事

王二路　编著

中国社会出版社

图书在版编目（CIP）数据

赵一曼的故事/王二路编著.

北京：中国社会出版社，2006.9

（英雄故事丛书/朱司俊　徐　雁 主编）

ISBN 978－7－5087－1335－9

Ⅰ. 赵…　Ⅱ. 王…　Ⅲ. 赵一曼（1905～1936）－生平事迹

Ⅳ. K825.2

中国版本图书馆 CIP 数据核字（2006）第 105546 号

丛 书 名：英雄故事丛书

主　　编：朱司俊　徐　雁

书　　名：赵一曼的故事

编 著 者：王二路

责任编辑：杨　晖

出版发行：中国社会出版社　　邮政编码：100032

通联方法：北京市西城区二龙路甲 33 号新龙大厦

电　　话：（010）66050647　（010）66051713　（010）66061708

网　　址：www. shcbs. com. cn

经　　销：各地新华书店

印刷装订：中国电影出版社印刷厂

开　　本：150mm×225mm　1/16

印　　张：11

字　　数：142 千字

版　　次：2012 年 3 月第 2 版

印　　次：2014 年 3 月第 3 次印刷

定　　价：18.50 元

编者的话

胡锦涛总书记在一次中央领导集体学习时，特别强调要铭记中国革命史。他说，要把学习中国革命史与加强理想信念教育紧密结合起来，做到任何时候、任何情况下，都坚持理想信念不动摇、革命意志不涣散、奋斗精神不懈怠。

一部中国革命史的核心内容和本质要义，自然是爱国主义、革命理想和革命英雄主义。要铭记中国革命史，就必须坚持并加强革命传统教育，就要突出向革命英雄学习，学习他们为了革命理想和共产主义信念前仆后继，不怕流血牺牲的大无畏革命精神。

这套《英雄故事丛书》应时而生、应运而生、应势而生。丛书首批精选了《雷锋的故事》《张思德的故事》《刘志丹的故事》《刘胡兰的故事》《黄继光的故事》《马本斋的故事》《赵一曼的故事》《江竹筠的故事》《杨靖宇的故事》《邱少云的故事》《董存瑞的故事》《狼牙山五壮士的故事》《方志敏的故事》《王若飞的故事》《向警予的故事》等十几位最具代表性的革命英雄人物的动人故事，奉献给广大读者。当我们开卷阅读这些生动、形象的理想信念教育和革命英雄主义教育的珍贵图书时，仿佛看见光辉璀璨和感人泪下的英雄群体列队正向我们大步走来；似乎听到了英雄们高声歌唱的《国际歌》；好像伸手就能够触摸到英雄们跳动的脉搏。通过这套丛书，我们又会真真切切地感觉到，英雄是民族的脊梁。中华民族正是因为有了一代又一代层出不穷的民族脊梁，才会在中国革命史上书写了一页又一页的光辉篇章，也才会有今天中华民族的伟大振兴。然而，在物欲横流面前，也有一部分人变成了金钱和物质的俘虏和奴隶。他们无视民族英雄的存在，把民族英雄、革命理想和光荣传统抛在脑后。当有人提议要进行革命英雄主义教育的时候，竟然会有人不屑一顾。据一次若干所中小学校的千人社会调查结果反映出，知道刘胡兰、黄继光、董存瑞等英雄人物的中小学生，竟然不足被调查人数的20%，能够说出英雄人物感人事迹的更是屈指可数。难道这还不令人深深叹息和无比痛心吗?

无疑，《英雄故事丛书》的读者是全体国民，但是其主体读者是广大青少年、解放军战士、青年工人、青年农民和大中小学生。100年前有识之士梁启超说过:“少年智则国智，少年富则国富，少年强则国强，少年独立则国独立，少年自由则国自由，少年进步则国进步，少年胜于欧洲则国胜于欧洲，少年雄于地球则国雄于地球。”青少年永远是祖国的希望和未来，以爱国主义和革命英雄主义为主旨的“八荣八耻”教育，首先在广大青少年之中展开，不仅是现实的迫切需要，更有其远大的战略目标。

《英雄故事丛书》的作者，大都是40~50岁，他们以高度的责任心、丰富的社会经验、充实的历史知识、深邃的洞察能力、成熟的写作技巧融入的这套丛书，翔实厚重、手法灵活、视角独特、可读性强。他们为广大青少年读者奉献了一套内容丰富的精神食粮，一套不是教辅胜似教辅的好书。在此，我们代表广大读者，尤其是青少年读者，向这套丛书的作者表示由衷的谢意!

目录

引　子

赵一曼赞歌

（一）

生性倔强有侠胆，嬉水爬山爱自然；
年小志高胸怀广，根壮苗旺必参天！

（二）

封建礼教严相摧，烈女抗争誓不随；
大脚阔步闯天下，堂堂正正终无悔！

（三）

诲人不倦育幼顽，悉心施教雕栋梁；
待等雷鸣电闪日，海燕定会勇翱翔！

（四）

动员姐妹齐奋起，挣脱枷锁求生存；

别母离家寻光明，雏燕凌空九霄云！

（五）

革命浪潮掀巨澜，热血青年得锤炼；

抵制洋货留短发，敢与黑暗来挑战！

（六）

少女自有鸿鹄志，学文习武堪称奇；

摸爬滚打苦磨炼，为民救国忘生死！

（七）

搭船乘车苦跋涉，奔赴圣地学马列；

取经路上遇知己，情投志同道更合。

（八）

乔装改扮入虎穴，东奔西忙唤农工；

英勇善战震敌胆，出生入死传美名！

（九）

山深林密常小憩，天寒地冻鏖战急；

秣马厉兵显神威，驰骋疆场建勋绩！

（十）

肤裂血洒笑敌仇，筋断骨碎不低头；

气冲霄汉惊鬼神，志壮华夏斗倭寇！

（十一）

背井离乡驱外患，别夫舍子赴国难；

亲情似海胸中藏，血泪遗书传人间！

（十二）

生为豪杰壮河山，死亦英雄感苍天；

八方讴歌齐称颂，万世敬仰赵一曼！

清纯活泼女少年

位于四川盆地南缘、有“万里长江第一县”之称的四川省宜宾县，地处川、滇、黔三省结合部故，此又号称“金三角”地区，且居“三江”的汇合处（即长江的上游和金沙江、岷江的下游）。全县幅员面积3000多平方公里。宜宾县自然风光旖旎，有浓厚的亚热带自然风景特色的“百里翠湖”越溪河风景区，有被誉为“西南半壁”、“环列如城”的石城山古战场遗址，还有素有小峨嵋山之称的避暑佳境蔵溪黄山以及双龙的荣华山、少娥湖度假村和东汉黄伞墓群等自然景观和人文景观。石城山、包家岩、狮子岩是迄今国内发现的形成时间最早的侏罗纪（恐龙时代）留下的丹霞地貌，具有独特的地质考古研究价值和旅游开发价值，属于世界著名的丹霞地貌。“石城山”、“越溪河”以及

"蜀南竹海"、"石海洞乡"、"僰人悬棺"、"翠屏山哪吒太子庙"等，吸引着越来越多的游客。

踏入宜宾这块热土，在领略这里优美如画的自然风光，欣赏这里古老奇特的人文景观的同时，我们更应该知道：在宜宾曾出了一位驰名中外、世人敬仰的抗日民族女英雄——赵一曼。

来到宜宾，我们可以登上风景秀丽、松柏长青的翠屏山上的"赵一曼纪念馆"里，去诵读党和国家领导人为赞颂和弘扬抗日民族女英雄赵一曼为共产主义事业和民族解放英勇献身的革命精神所作的题词、诗词；也可以到烈士故居的陈列室里，亲眼目睹那些虽已陈旧却令人百感顿生的烈士遗物；还可以去赵一曼曾在宜宾就读过的校园里瞻仰那飒爽英姿、傲然挺立的汉白玉烈士像……

英雄在这里诞生！英雄由这里走出来！宜宾的父老乡亲为有这样一位英雄而自豪、骄傲！

距宜宾县城以北一百二十里处的白花镇白杨嘴村便是抗日民族女英雄赵一曼的家乡。

白杨嘴村的村名虽然嵌着白杨二字，可整个村却没有一棵白杨树，环抱村庄四周的则是一片翠绿翠绿的青竹林，常年枝叶茂盛，绿阴掩映，成为村里大人们闲暇时消遣和孩子们最喜欢玩耍的地方。

白杨嘴村沿半山腰建房搭屋，一个村子分成了三个自然村落：上白杨嘴村、中白杨嘴村和下白杨嘴村。

1905 年 10 月 25 日，赵一曼就出生在当时只有三户人家的中白杨嘴村的一个封建地主家庭里。

赵一曼的青少年时代，也正是中国大地展现出新民主主义革命曙光，新思想、新风尚与旧道德、旧观念在进行激烈斗争的年代。俗话说“乱世出英雄”。赵一曼降生的1905年即有震惊中外的事件接连发生。其中有四件大事必须提及。

第一件事：1905年1月2日，日俄战争中旅顺口俄军向日军投降。经过日军半年之久的围困进攻，沙皇俄军的阿那托利·斯托赛尔将军终于交出了旅顺港。当天下午4时30分，日军乃木希典将军在东京接受了斯托赛尔的投降书。在那个时候，我国的东北地区就陷于了沙皇俄国和日本的侵略、掠夺之地。

第二件事：1905年的夏天，清廷宣布废除科举制度。光绪三十一年（1905）慈禧太后下诏书，宣布自光绪三十二年开始废除科举。自从“戊戌变法”的“变科举”以后，士大夫们已经惶恐了好多年，一直担心朝廷要“废科举”。议论许久的“停科举”谕令终于颁布，西太后和光绪皇帝批准了袁世凯等人的奏请，在《清帝谕令停科举以广学校》中断然宣布“废科举”：“科举不停，民间相率观望。推广学堂，必先停科举。……着即自丙午（1906）科为始，所有乡、会试一律停止，各省岁科考试亦即停止。”为了“推广学堂”，必须把科举停掉，让士大夫死了那份读“四书五经”，钓“布衣卿相”的侥幸之心，驱赶他们去念那些用曲里拐弯的“横行文”写成的“算学、物理、化学、历史、地理、动植物学和外国文。”

第三件事：1905年8月20日，中国同盟会成立。在孙中山倡导下，以兴中会和华兴会为基础，联络光复会成员在日本东京成立了中国资产阶级第一个统一的政党——中国同盟会。推举孙中山为总理。下设执行、评议、司法三部。同盟会的纲领是："驱除鞑虏，恢复中华，建立民国，平均地权"。机关报为《民报》，在此报上第一次提出了"三民主义"。

第四件事：1905年12月8日，近代民主革命的宣传家陈天华在日本东京大森海湾投海自杀。陈天华1903年赴日本留学，同年4月，写血书抗议俄国侵占中国东北三省，并参加留日中国学生组织的拒俄义勇队，作《猛回头》、《警世钟》等书，阐发革命道理，号召反对帝国主义，推翻"洋人的朝廷"清政府，建立民主共和国，影响很大。1904年回国。同黄兴、宋教仁等在长沙创立华兴会，准备在湖南发动武装起义，事泄逃亡日本。1905年8月，参加组建中国同盟会。被推举为会章起草员，并任机关报《民报》的撰述员。在留日学生群起抗议日本文部省颁布的《取缔清国留日学生规则》时，1905年12月7日，日本《朝日新闻》撰文称："清国学生过于狭义解释省令，此亦清国人特有之放纵卑劣行为所致，他们的团结力量亦甚为薄弱。"陈天华见报，愤不欲生，遂决心以死抗议日本，唤醒同胞。当日，他挥笔写下《绝命书》。12月8日晨，陈天华蹈海，年仅30岁。

以上四件大事，就发生在赵一曼出生时的1905年。

赵一曼刚出生时，爸爸给她起了个乳名叫淑端，她上学时又起了个学名叫坤泰，后来她加入社会主义青年团时叫李一超，有时也叫李淑宁，赵一曼是她到东北参加抗日武装斗争时用的化名。

赵一曼有5个姐姐、一个哥哥和一个弟弟，她是家中女孩最小的，也是最受宠爱的一个，也许就是这样的成长环境，使得赵一曼天性中自由、叛逆的一面得到了最大的“发挥”。

赵一曼“少女时代气质高雅，清纯美丽，天生喜欢朴素的生活，嗜书如命。”

那时候，李家是白杨嘴村数得着的富户。赵一曼的父亲叫李鸿绪，自幼学中医，后来在自家门房前挂了个药幌，常年坐堂行医。在平时看病抓药，李鸿绪是不收银钱的，但逢年过节，病人家属主动送上门来的粮菜肉蛋等“仪礼”比该付的药费还多。日久天长，由少聚多，家境很快便阔绰起来，不久就成了闻名十里八乡的大户人家。

几个姐姐都已出嫁了，哥哥李席儒也成了家。李鸿绪老来又添了一个乖巧可爱的小女儿，打心底里乐得不得了。小时候的赵一曼也确实招人喜爱，她长得很俊俏，细皮嫩肉，白皙的脸上有一双水灵灵的大眼睛且透着聪明伶俐的神气儿。

赵一曼从小就任性。赵一曼的母亲叫蓝明福，是个慈祥温柔的女人，属于封建社会里的“贤妻良母”，她从不忍心打孩子，从赵一曼学会跑路开始，母亲就任她在山间竹林里狂奔乱跑，放纵她当大自然的天使。盛夏的太阳火一样地热，那山头四周的几丛大竹林便成了赵一曼和伙伴们的乐园。午间的竹林越发显得宁静，玩够了便躺在竹林里，尽情享受着清凉，太阳从竹叶的缝隙中射下来，如点点碎金，轻风拂过竹叶的声音和着夏虫的鸣叫，犹如一首优美的小夜曲……在故乡生活的日子，如泉水一样汩汩流淌的欢乐，充盈了赵一曼的童年世界；迎风摇曳的翠竹、稻花飘香的田野，慢吞吞的水牛……在赵一曼童年的心灵里都留下了难以忘怀的美好记忆。

赵一曼八岁那年，父母把她送进了家立私塾。

上私塾之后，赵一曼仍旧非常活泼爱动。经常迎着灿烂的阳光跑到河边去追逐花蝴蝶；有时在和煦的春风里爬到半山坡上去捉春蚕；甚至有时在上课时间还偷偷跑到竹林里去玩。有一次，她从竹林里逮住一只螳螂，跑回教室里后竟悄悄放进私塾老先生的脖子里……

那时候，私塾就是乡间的启蒙学堂。李家立的私塾请来一位老先生，老先生带着七八个白杨嘴村的孩子，天天读《三字经》、《百家姓》、《千字文》等蒙学课本。因老先生教课很有点像一只老母鸡带领着一群小鸡崽儿，村里人都暗地里把这私塾叫做“鸡婆学堂”。

“鸡婆学堂”虽然刻板沉闷，但赵一曼却也在这里最早了解到许多闻所未闻的新鲜事，她听老先生讲起，县城里已办起了学校，京城里还办起了大学，大学毕业的还有“游洋”的。

在这个学堂里读书的孩子中，有赵一曼的侄儿、侄女，他们年龄与赵一曼差不多，却要管赵一曼叫“幺姑”。有一次赵一曼听完老先生讲课，对侄儿、侄女说：“将来我长大了也要到县城里去读书，到京城里去上大学!”

“幺姑，上县城是要翻过几道山，上京城是要走上几个月的路，你去得了吗?”侄女不相信地问。

“怎么不能？我还想出国去‘游洋’呢！”

“幺姑，我看你是从中白杨游到上白杨到下白杨吧？”侄儿也来打趣小姑姑了。

从此，侄儿、侄女远远见到赵一曼就喊：“游洋生来了！游洋生来了！……”

“游洋”对那时候的赵一曼来说，也确实是个遥远的憧憬，但它毕竟是这个未脱稚气的小姑娘的美丽的梦想，是一个可贵的志向。

正所谓：生性倔强有侠胆，嬉水爬山爱自然；年小志高胸怀广，根壮苗旺必参天！

封建礼教一叛逆

20世纪之初，在五四运动的浪潮冲刷下，反动、腐朽的封建制度虽然受到了一定的抨击和摧毁。但并没有从根本上彻底推翻封建社会的统治，尤其是在广大的中国农村，封建制度下提倡的封建礼教、男尊女卑、女子贞节以及“三从四德”等，仍然在严重地束缚、压迫和摧残着中国农村妇女。赵一曼出生在一个偏远的山村封建地主家庭里，也就必然逃脱不掉当时操持家业的兄长像“阎王”似的以封建礼教严厉地管束她，使她失去自由。男尊女卑，一方面造成了男性在家庭中的骄横，另一方面也造成了对女性的压迫和侵夺。

在赵一曼十二岁那年的腊月二十五日，赵一曼的父亲李鸿绪因为咳嗽痰涌昏迷不醒后死去了。按世俗规矩，大哥李席儒便名正言顺地成了当家人。

父亲病死后，小一曼失去了父爱，家里的生活更是沉闷极了。大哥不仅没有父亲那般行医抓药的本事，反而成天赌博、抽鸦片，还要天天摆着家长的派头。大嫂也是好吃懒做、游手好闲之人，两口子三天两头吵嘴闹气。在这种家庭环境里，赵一曼受到了极大的憋屈，在忍无可忍的情形下，有一天她便向大哥提出："这样活着实在太没意思了，我要出门读书去！"大哥只顾抽烟，耷拉着眼皮，头也懒得抬地哼道："不行，我没钱供你！"

赵一曼已经十几岁了，李席儒不仅不叫她上学读书，还让母亲严格地监视着她。

母亲虽然慈祥善良，却受封建思想禁锢，既然丈夫死了，"长子为父"，儿子的话也是要听的。她不让赵一曼再出院门，不让赵一曼像小时候那样到草丛里捉蝴蝶，也不能到竹林里去挖幼笋，自然更不能和男孩子们一起玩耍了。

赵一曼的母亲按着老辈留下的规矩，要给赵一曼扎耳朵眼儿，要给她缠足。

按封建传统，女人"三寸金莲"被认为是一种美。赵一曼母亲的脚就是姥姥给裹的，穿着一双尖尖的小鞋，走起路来一步三摇的，实在是活受罪！在少年时期的赵一曼看起来既可怜又可笑。

一天上午，母亲把赵一曼叫到八仙桌前，拉住赵一曼的一双小手郑重地说："淑端哪，你该裹脚了，再不裹，大脚丫子会被人笑话的。长大了也是没人娶你的！"

一听裹脚，赵一曼的心就像被蜂蜇针扎似的缩紧了。村里的小脚女人她看得多了，本是一双天然脚，却被一条长长的白布缠成了“尖辣椒”，有的连脚趾骨都被勒断了。尖尖小脚，站也站不稳，走也走不快。她低头看看母亲那一双只有三四寸的小脚，心头涌起一股酸楚。小时候，她常常看到父亲一不顺心就要拿母亲出气，连踢带打，母亲总是颤巍巍跌倒在地，为躲避丈夫只能满地爬行；有时候，遇到天阴地湿，母亲要到山间拔两棵青菜，也要爬着去。一次，她随母亲一起下田，正好碰上下雨，妈妈脚下一滑摔倒在地，满身满脸的泥巴……想到这些，赵一曼不寒而栗，她打内心深处不愿意像母亲一样活受罪！

她倔强地对母亲说：“妈，我不裹脚！”

“女孩子大了都要裹脚，这是祖辈留下的规矩！”

“裹了脚走路都走不稳，我不裹！”赵一曼坚持说。

“不裹也得裹！”母亲也强硬起来。

“不，我就不！”赵一曼一边说着一边就从母亲眼前溜出了门外。

赵一曼还能跑到哪里去呢？晚上她小心翼翼地又回到了家里。母亲似乎已经心平气和了，给她用辣椒油烧了两个菜。赵一曼一边吃饭一边用两眼观察着母亲的脸色，看母亲若无其事，她以为已经闯过了这一关。

然而，赵一曼猜错了。第二天一大早，母亲就请来村里一位老婆婆当帮手，对她实行强制裹脚。两个人把小一曼死死摁倒在木床上，紧紧地压住她的双脚，母亲将她的脚趾使劲捏拢，老婆婆用一条白粗布将她的脚一层一层地裹紧，每裹一层，老婆婆就使劲勒一勒，赵一曼痛得号啕大哭，眼泪“刷刷”地直往下掉。缠呀，缠！裹呀，裹！一层一层又一层，赵一曼拼命抗争着、挣扎着，嗓子也哭喊得嘶哑了，直到哭喊不出了声，也挣扎不动了，两只脚也已被裹成了像母亲那样的“尖辣椒”。

母亲满意了,她又给女儿双脚套上了两只尖尖鞋,板着脸儿对她说:“从今天起,不准你出大门、上大街,所有男人都不能见!”

赵一曼看看自己被缠了足的双脚，嘟囔着说：“这样的脚咋走路啊!”

母亲安慰她说：“慢慢习惯就好了，来！站起来走一走，让妈看看咋样儿。”

赵一曼试着慢慢地站了起来，抬起身却根本站不住，两只脚麻痛麻痛，还没有迈步走路就一下子跌倒了。她一阵懊悔，索性在地上打起滚来，哭闹着把两只小鞋甩得远远的。

母亲没有发火，弯腰把她甩远的两只小鞋捡了回来，又要给她穿上，她说啥也不穿，母亲就哄着她穿。

这一次，赵一曼被关在屋子里，躺在床上却烦躁得难以入睡，她透过窗棂望着朦胧的月色，发痴发呆。满山的竹林在夜风中呼啸着，如涛似浪，她家的小屋就像一叶扁舟在夜雾茫茫的大海上颠簸着，一会儿被推拥到浪尖上，一会儿又被埋入浪谷下，好像随时都有可能在夜海中被吞没。她想在船上站起来，但两只小脚痛得钻心，说啥也站不起来。她便大声呼救。没有人理睬她。母亲就坐在屋门外，她睡得很晚，却装作没听见。

赵一曼气极了，她想：我就不像妈妈一样裹脚能咋的？她一骨碌从床上爬起来，借着月光找到一把剪刀，扯掉了裹脚布，把裹脚布连同小鞋统统剪了个稀巴烂。

第二天早晨，母亲开门来看小一曼，一进屋看见地上被她剪得粉碎的裹脚布和小鞋，气得浑身哆嗦，跺脚骂她："你这个死丫头，胆大包天哪！"她很少打孩子，这一次却对一曼举起了巴掌。

赵一曼并不屈服，她又哭又闹："脚是用来走路的，不是给人好看的！妈，我不能像你这样遭一辈子罪，你就是打死我也不裹脚！"

母亲打累了，把赵一曼关在屋子里不让她出门，赵一曼脸不洗、头不梳，送进屋子里的饭一口不吃，从早到晚，一口水也没喝。

母亲着急了，进屋劝她："淑端呀，好孩子听话，裹了脚给你做件花衣裳！"

赵一曼忽地从床上蹦起来，发誓地说："妈！您要再给我裹脚，我就死给您看！"

看着女儿一天没吃没喝蓬头垢面的样子，母亲的心软了。十指连心哪，哪个儿女不是父母的心头肉？她不忍心让女儿也受缠足之苦了，从此再没提起裹脚的事儿。

赵一曼用自己的抗争，终于保住了一双天足。她想，要用这双脚，走出白杨嘴村，走进县城去上学堂，还要进京城去上大学，将来还要出国去"游洋"！……

正所谓：封建礼教严相摧，烈女抗争誓不随；大脚阔步闯天下，堂堂正正终无悔！

言传身教引路人

俗话说："一个篱笆三个桩，一个好汉三个帮"。自古以来，但凡建功立业、名垂青史的英雄人物，除了个人的天赋秉性外，后天的教育与熏陶也是极为重要的。"精忠报国"的岳飞铭记心房、努力践行的是"岳母刺字"的教诲；大诗人李白正是感悟到了"铁杵磨成针"的哲理，才成就了他的"斗酒诗百篇"的诗仙称号；……赵一曼之所以能够成为一名抗日民族英雄，这与她在青少年时期受到其大姐夫、早期的中共党员郑佑之的悉心教育和正确引导是分不开的。

在少年赵一曼的眼里，大姐夫郑佑之是个文雅大方、讨人喜欢，又令人琢磨不透的人。他做出来的事既不循规蹈矩，又让人感到十分的敬佩。他本来是学实业的，却不去经商，而当了兵，在军队里蓄了美髯公似的大胡子回来了，又不留在县城里，跑到乡间来办学。他不抽大烟，不嗜酒，不赌博更不逛窑子。他和赵一曼大姐结婚后，大姐受不了婆婆的刁难，他便把大姐接出来另过。别的男子成婚后，都把婆娘看得严严实实的，大门不许出二门不准迈。他却开明地将大姐送到学堂里去读书；别的男人在婆娘面前作威作福，动辄拳打脚踢，他对大姐却是谦和平等，相敬如宾……

在赵一曼一天天长大起来的时候，随着年龄的增长，她的求知欲愈来愈迫切，进学堂读书的渴望也愈来愈强烈。

那时候，小一曼时常爱托着下巴，眨巴着那双水汪汪的大眼睛一个人在乱猜想：县城的学堂进不去，进大姐夫在柳家乡办的高等小学也行啊，大姐夫是小学的校长……

赵一曼小时候，三天两头跟着母亲到五宝镇的外婆家里去，大姐夫郑佑之也隔三岔五地带着大姐从画像嘴村聚来，时常二十几口人住在一个院子里，吃一锅饭，好热闹哇！

吃过晚饭，在院子里的树阴下谈天说地讲故事更有意思，大姐夫郑佑之讲的故事最新鲜，也最生动。他讲的是林则徐虎门禁烟、邓世昌黄海抗倭寇……

当时，赵一曼最喜欢听大姐夫郑佑之讲那些从进步报纸刊物上获得的新鲜故事。譬如，1903 年 2 月，留学日本东京弘文学院的鲁迅，为了反清的第一个坚决的举动就是剪掉了象征清朝统治的辫子的故事；1904 年 6 月，近代革命家、作家鉴湖女侠秋瑾，改扮男装只身东渡日本留学的故事……

那时候，在赵一曼稚嫩的心田里，十分敬重、钦佩秋瑾那种冲破樊篱，走向革命，将个人生死置之度外的精神。大姐夫郑佑之在讲秋瑾的故事时，还诵读、解释了不少秋瑾所作的诗词。对那时的赵一曼来说，虽然处于似懂非懂的程度，但她既感到非常新鲜，又十分的着迷，一有闲空就独自默诵，反复琢磨。直到后来，有许多秋瑾的诗句一直在感染、影响着赵一曼。比如，《杞人忧》："漆室空怀忧国恨，难将巾帼易兜鍪"；《感事》："儒士思投笔，闺人欲负戈"；《宝剑歌》："他年成败利钝不计较，但恃铁血主义报祖国"；《吊吴烈士樾》："卢梭文笔波兰血，拚把头颅换凯歌"；《满江红》："身不得，男儿列；心却比，男儿烈"……

后来赵一曼投身革命以后，也像秋瑾那样极喜欢以诗言志，表达自己矢志报国，为革命献身的思想感情。在初到东北时，她在一首题为《滨江抒怀》的诗中写道："誓志为国不为家，涉江渡海走天涯。男儿岂是全都好，女子缘何分外差？未惜头颅新故国，甘将热血沃中华。白山黑水除敌寇，笑看旌旗红似花。"品味这些铿锵诗句、铮铮豪言，颇有鉴湖女侠秋瑾的那种气势！

当年，大姐夫郑佑之还送给赵一曼许多好看的画片，色彩鲜艳，都是赵一曼头一次见到的。其中有一张画片是一片汪洋大海，海面上有一只大船，船上的烟囱还冒着黑烟……郑佑之告诉赵一曼，世界大得很哪，有几大洲几大洋，海洋上来来往往就靠这种冒黑烟的大轮船，既运货又载人。

一张画片让赵一曼大开眼界，她从此不但知道了世界很大很大，而且向往着有朝一日也能从白杨嘴村出发去看看大海，看看画片上的大轮船，坐坐大轮船，憧憬着乘坐轮船去“游洋”！为此，她特别珍惜大姐夫送给她的这张画片，谁也不许碰，谁要想看看必须当着她的面看，但绝对不允许弄脏了，仿佛它是无价宝。有好几次，她还瞧着画片临摹，把这个冒着黑烟的大轮船画到了自己的练习本上，在船头上还画了一个站着的小女孩，这个女孩就是她自己！

大姐夫郑佑之还把赵一曼、幺弟、侄儿、侄女等村子里的几个孩子招拢来，他亲自给这些孩子们上课。他讲的课本不是《三字经》、《百家姓》、《千字文》，而是他从城里带来的《国文》、《算学》，比“鸡婆学堂”里老先生教的“人之初，性本善”、“赵钱孙李，周吴郑王”有趣得多。有时也讲一些国内国外新近发生的一些新闻逸事。

大姐夫教课虽不像“鸡婆先生”那么严厉，令人望而生畏，但他作为老师对“学生”们的要求却很认真、严格。上课时，他要大家都把课听明白了再往下讲，一课上完，就要布置作业，下次上课时一一检查批改。有时，他白天外出办事，晚上回来就再补课。在外婆家，每天晚上外婆都要点上桐油灯，把灯放在桌上，有时供大姐夫讲课用，有时，让赵一曼和幺弟在灯下做作业。

有一天晚上，大姐夫布置完了作业，就匆匆忙忙地去给已生了重病的大姐熬药。大姐夫走开后，赵一曼立刻精神起来，随即也便走思起来——她顺着窗户向外张望，只见晴朗的夏秋之夜，天上繁星闪耀，一道白茫茫的银河横贯南北，银河的东西两岸，各有一颗闪亮的星星，隔河相望，遥遥相对，那就是牵牛星和织女星！她忽然想起这一天是农历七月初七日牛郎织女相会的日子。她听大人们讲，在每年的这个夜晚，是天上织女与牛郎在鹊桥相会之时。织女是一个美丽聪明、心灵手巧的仙女，人世间的妇女便在这一天晚上向她乞求智慧和巧艺，年轻的姑娘们还要向她求赐美满姻缘……

想着想着，赵一曼猛地拉起了幺弟的一只手："小弟，走，姐带你到外面看鹊桥去！"幺弟对姐姐的话言听计从，放下作业就紧随着姐姐跑出门去。姐弟俩坐在外婆家绿阴如盖的老银杏树下的石板上，眼睛眨也不眨地盯着天上的银河。

四周静悄悄的，只有蟋蟀的叫声此起彼伏，天空显得格外澄净，连一丝云彩都没有，大半圆的月亮在缓缓地移动着。

等啊，等！弟弟有些不耐烦了："喜鹊怎么还没飞上天去搭桥呢?"

听长辈说过，牛郎挑着孩子到天上去会织女星不该叫凡人看的，一曼赶紧捂住幺弟的嘴，神秘兮兮地"嘘"了一声。

等着等着，弟弟睡着了，赵一曼揪揪自己的耳朵，想让自己精神一点，但是，没过多大一会儿，她也睡着了。一觉醒来时，她和小弟都睡在床板上，晨光透过窗棂泻进屋内，第二天已经开始了。

这一天上课时，大姐夫照例先检查头天留下的作业完成情况。

看看幺弟空空的作业本，大姐夫问："你的算术题呢？怎么一道也没有做啊?”“她……”弟弟看看大姐夫,又瞟了一眼赵一曼:“她也没做!”

姐夫把严厉的目光扫向赵一曼。赵一曼这会儿正在作业本上紧张地补做作业哩!原来,她上课前想起了姐夫留下的作业题,匆忙间要把练习补上,听到弟弟的“检举”,她瞪了他一眼,放下手中的笔,把作业本送到姐夫面前。

姐夫拿过赵一曼的作业本,认真地批改着上面的一道道作业题,虽然那些算术题很简单,只是加减法,可是赵一曼忙中出错,还是被姐夫打了几个红叉叉。

赵一曼虽然活泼贪玩,但她聪明伶俐,语文、算术学得都不错,尤其是算术题从没有得过这样多的红叉叉。她觉得这一个个红叉叉比教鞭打在她身上还难受,脸上红一阵白一阵火辣辣的。

“淑端呀,学习是为了自己长大了有做事的本领,你不认真学习,自己糊弄自己也是在耽误自己啊!”大姐夫说话声音不高,却句句敲打在赵一曼的心坎儿上。

这天晚上,大姐夫讲完课和别的孩子都走了,赵一曼却没回房间睡觉,她伏在方桌上,独自在桐油灯跳动的灯花下,把做错的算术练习题又反复认真地做了几遍,直到认为准确无误为止。紧接着又把当天大姐夫新留下的所有作业题也都做完了。

夜很深了,做老人的本该及时去督促孩子睡觉,可外婆和母亲都没有拦阻她,因为她们知道赵一曼有个倔脾气,只要她想干的事,就一定要干完、干好才肯罢休。

又到了大姐夫检查作业的时候,当他看到赵一曼重新做好的算术题道道都对时，用红笔勾画出一个大大的对号，他没有夸奖这个小妹，但从他打对号的神情中，赵一曼知道大姐夫满意了。赵一曼呢，有时也在琢磨着她的老师、这个奇怪的大姐夫。她发现，大姐夫讲完课，在他们做练习时，常常拿出一些报纸、杂志在灯下阅读，有时还用红笔在上面圈圈点点，他看的是些什么书、什么报啊？

噢，《新青年》、《民报》、《妇女杂志》、《民国日报》……赵一曼好奇地翻着这些书报时，发现很多字她都不认识，一篇文章也读不下来。里面净是些难懂的新词、难懂的话，什么德先生（指民主）、赛先生（指科学），什么新文化、新道德……大姐夫为什么爱看这些书报？赵一曼对这个问题反复琢磨了好大一阵子。同时，这些书报也让生性倔强的赵一曼上了瘾、着了迷，使她朦胧混沌的脑海日渐清晰起来。犹如冰块在春日的照耀下一天天融化开来。

1917 年，赵一曼十二岁这一年，世界上发生了一次惊天动地的革命——在俄国，布尔什维克领袖列宁领导了伟大的十月革命。这年的 11 月 7 日（俄历十月）下午，2 万名赤卫队员和士兵包围了临时政府冬宫。晚上在阿芙乐尔巡洋舰上起义成功的士兵开始炮轰冬宫。赤卫队员和士兵经过艰苦的拼杀于次日凌晨 2 点攻陷冬宫。推翻了俄罗斯的资本主义政权——克伦斯基临时政府，建立了苏维埃政府和世界上第一个社会主义国家。十月革命的一声炮响，给中国送来了马克思主义，沉睡了千百年的东方华夏古国开始觉醒了。

1919年，当巴黎和会上传来在第一次世界大战中中国作为战胜国却要割让土地时，北京的大学生们走上街头，游行示威，火烧赵家楼，要求惩处卖国贼曹汝霖、章宗祥、陆宗舆，这就是历史上的五四运动。五四运动后，革命的知识分子在全国各地创办了许多刊物、报纸，宣传新文化、新思想，要求科学与民主，反对帝国主义和封建主义，传播马克思主义学说。

赵一曼的大姐夫郑佑之正是受了这股革命思潮的影响，开始阅读革命报刊的。

读书，当兵，走南闯北回到家乡，郑佑之觉得家乡人愚昧落后、贫穷困苦的现状必须加以彻底改变。要改变，人就要有知识、有文化，他想到要用办学来启迪民智。他离开了县城，要兴办平民教育，发动农民，改造乡村。在赵一曼外婆家给亲戚与乡邻们的孩子讲课是他做的一次实验。不久，他就卖掉了家产在柳家乡办起了高等小学，自任校长。办一所学校要花许多钱，他常为办学经费不足、捉襟见肘而犯难，自己节衣缩食，过着苦行僧般的生活。赵一曼的幺弟、侄儿、侄女都到柳家乡高小去学习了，她自然也想去。

赵一曼找到了当家人、大哥李席儒：“大哥，我要和幺弟他们一块去柳家乡上学读书！”

大哥出门刚回到家里，猛然间听了赵一曼的话，没好气地回答道：“上什么学？女人无才便是德！”

封建社会男尊女卑的传统观念在大哥心中扎了根，这个回答对当时的李席儒来说似乎是天经地义的。但赵一曼却感到受了极大的冷落，她大声嚷叫起来："你不能剥夺我求学的权利呀！"

李席儒瞅也不瞅这个小妹，不耐烦地撵她走："去！去！别在这儿吵，我没钱供你上学！"他扭身上床歪过身子，点燃了大烟灯。

赵一曼看着哥哥的样子愤怒了，据理力争："没钱？你抽大烟、打麻将有钱，供我上学才用多少钱？"

秃子怕说亮，瘸子怕说短。李席儒一时被噎得半晌没说出话来，他气得青筋暴露，猛地翻身爬了起来，把烟灯也打翻了。他凶狠狠地抡起了拳头，在赵一曼面前挥舞着："你再乱喊乱叫，我要揍死你！"

赵一曼毫不示弱，她昂起头迎了上去："给你打！给你打！……"

李席儒看着这个跟自己儿女一样大小的幺妹，并没有把拳头落下去，他气哼哼地说："没大没小，不知好歹！"边说着边趿拉着鞋摔门走了出去。

留下来的大嫂连忙收拾烟灯、烟盘，她劝小姑子："幺妹，咱是好人家姑娘，还读什么书！鸡婆要能报晓，还要鸡公干么？"

大嫂周邦翰是县议会议长的女儿，自小见过大场面，见风使舵，油嘴滑舌的。嫁给赵一曼的大哥后，在家庭中，除大攒私房钱以外，就充当着管家婆的角色。

看着大哥大嫂的样子，赵一曼感到一阵阵恶心，喉咙里猛然间有一股腥气上涌，她连忙跑回自己的卧室，刚进门就呕出一大口血来。

赵一曼病倒了，她从来没闹过大病，从小爱玩好动，身体不错，有个头疼脑热，挺一挺也就熬过去了。可这一回，她时而发烧，时而出冷汗。夜里翻来覆去睡不着，刚一入睡就会不停地说胡话、喊梦话。

躺在床上，赵一曼深为自己是个弱女子而抱怨、诅咒。当个女人为什么总是不幸的？大姐、二姐出嫁后，都受公婆的虐待，是丈夫把她们带出家门，才逃脱苦海。三姐嫁出不到一年，公婆歧视，丈夫欺侮，竟郁闷早亡。四姐呢，“嫁鸡随鸡，嫁狗随狗”，嫁个谁也不敢挨近的疯子，至今受着百般折磨。当个女人注定要比男人矮半截儿吗？就要受欺侮受凌辱？命运真是难以理解！想到自己今后一生一世将会像姐姐们一样受苦受罪，她不寒而栗，吃不下饭睡不好觉，身体一天天消瘦下来。

母亲看她病得愈来愈憔悴，心痛得长吁短叹，却不知一曼为什么病得这么重。

这时候，大姐夫郑佑之来了。他头戴斗笠，脚踏油鞋，裤脚上溅满泥水。那一脸连鬓胡子更黑更长了。

大姐夫来到赵一曼的床边，问她：“听说你吐血了？好些了吗？”

母亲都被赵一曼瞒过去了，大姐夫怎么知道我吐血？赵一曼不置可否地盯向姐夫。

“我听幺弟说的。”大姐夫紧接着解释说。

赵一曼想起来了，是她病倒后，幺弟从学堂回家时，缠着问她怎么了，她悄悄地告诉了弟弟，并让弟弟瞒住母亲，没想到幺弟却把消息透露给了大姐夫。

“幺妹，”大姐夫停了一会儿说，“为家里的事儿怄气吐血不值得啊！我就不吐血，再生气也不吐血！我卖了田产到柳家乡办学，还有人故意在背后捅我一刀，到城里告了我。你说气人不气人，可我就不管他们这一套！身正不怕影子斜。我一定坚持干到底！”

原来郑佑之是被人诬告到县城法院里过堂刚刚回来。有人想取代他当柳家乡高等小学的校长，就告他霸占了学校财产，县里也不问青红皂白就传了他。

“如今的社会太腐败了，宜宾县城就是个缩影。”大姐夫接着说下去，“国家打了胜仗却要割地赔款，在乡下办点实事兴学育人也要坐牢，这是什么世道！光等死行吗？要反抗它，改造它！不是它来气死我，是我要给这个腐败的社会送终！”

郑佑之越说越激动，像是在课堂上对学生演讲：“这个世界正在发生惊天动地的变化，谁还有闲心思去生闷气？幺妹，如今列宁领导的俄国十月革命已经成功了；在孙中山倡导下，中国资产阶级第一个统一的政党——中国同盟会也在日本东京成立了；前些日子，北京的学生把曹汝霖这伙卖国贼也打倒了！……马上中国和世界都要翻个个儿的！”

赵一曼听得入了迷，她觉得大姐夫真叫人敬佩！内心深处一激动，仿佛天大的困难也压不弯腰，大姐夫郑佑之的一席话已经把她带到一个崭新的天地里，在她心灵上播下了一颗火种。

可是一想到自己在家里的处境，赵一曼又有些茫然了，她问："大姐夫，哥哥不让我出门读书，我该怎么办哪？"

"你暂时不能出门去读书，就先在家里自修吧。改革社会需要知识，要有真本领！"

大姐夫临走还给赵一曼留下全套的教科书和一本新字典。

从此，赵一曼开始了自修学习。爸爸去世时留下的那一只旧怀表，成了她学习的好助手。赵一曼每天看着表，按时间分科目看不同的教科书。一般是上午读课本，中午练字，下午做作业，晚上写日记。每一周她把作业、作文、日记和读课本碰到的问题另外抄写出来让幺弟捎给大姐夫，请他批改和解答。郑佑之再忙也要为她这个编外学生批改作业，有时为解释一个词句都要写满两三张纸。

当时，上海商务印书馆函授学社面向全国招收学员，大姐夫郑佑之给赵一曼报了名。函授学社按期给赵一曼寄函授讲义，这使她学习的劲头更足了。

她家院外那一片竹林，青翠幽美，静谧凉爽，也被派上了用场。她时常悄悄来到竹林深处一块青石上读书看报。这个地方很僻静，很少有人来打搅她。

赵一曼为什么要一个人悄悄钻到青竹林里读书看报呢？其原因开始只有大姐夫郑佑之知道。那时，赵一曼读的已经不只是国文、算学、英文，还有被当局视为洪水猛兽的一些进步书报。

1921 年，中国共产党诞生了。7 月 23 日，中国共产党第一次全国代表大会在上海举行。参加会议的各地代表有：李达、李汉俊、张国焘、刘仁静、毛泽东、何叔衡、王尽美、邓恩铭、陈谭秋、董必武、周佛海、陈公博，包惠僧受陈独秀派遣参加了会议。他们代表着全国50多名党员。共产国际代表马林和尼科尔斯基列席了会议。在会议进行过程中，突然有法租界巡捕闯进了会场，会议被迫中断。于是，最后一天的会议，便转移到了从上海望志路树德里三号到浙江嘉兴南湖的游艇上举行。经过讨论，大会通过了中国共产党的第一个纲领和决议，并选举产生党的领导机构——中央局。中国共产党的"第一次人民代表大会"宣告了中国共产党的正式成立。之后，共产党在各地的秘密组织迅速建立起来，开始了最初的革命活动。郑佑之作为一个进步的知识青年，很快认识了在四川从事革命活动的共产党员何珌辉、刘亚雄，并经他们介绍参加了中国社会主义青年团。

郑佑之作为赵一曼的姐夫和老师，了解赵一曼。从她的性格、志向看，郑佑之觉得赵一曼已具备了参加革命工作的条件，于是，他不只教赵一曼学课本，还注意用革命的、进步的思想启发她成长。他经常借给她一些革命书籍，并给她订了《新青年》、《觉悟》、《妇女周刊》、《向导周报》、《民国日报》等报刊。

通过一段时间的自修，赵一曼阅读能力有了很大提高，一接触到这些进步书报，她就如饥似渴地阅读起来。她被新思想强烈地吸引着，这些书报让她眼前豁然开朗，她开始真正了解世界、了解国家、了解人生。

大姐夫郑佑之是个细心人，他在借给赵一曼的小册子上，常加一些批语，有了这些批语，赵一曼读起来就更容易抓住重点。

开始时，赵一曼是在自己的屋子里闭门而读，日子长了，她害怕念过书的大哥发现，就钻进竹林里去读，格外小心地不让其他人知道。

时间一长，赵一曼的秘密还是被大哥李席儒发现了，他觉得这个幺妹害了“过激症”，会给家里带来灾祸。一天，趁赵一曼不注意李席儒突然冲进赵一曼的闺房，发疯似的把赵一曼的那些进步书报都拽了出来，放在院子里一把火烧了。

赵一曼气得火冒三丈，她扑上前去从火堆里拼命抢还没烧完的纸片，李席儒一把把她推开还威胁她说：

“不许你再看这些邪书，再看我就打死你！”

“你就是把我打成肉酱，我还是要看！”

李席儒烧掉了妹妹的进步书报，却扑不灭已在她心灵上燃起的革命火种。赵一曼追求革命真理的愿望反而更强烈了，她把投递这些进步书报的地点改在亲友家，甘愿跑很远的路去取，并且采取更隐蔽的方法，照旧读下去。

疼爱小女儿的母亲想用做女红的方法来收敛一下赵一曼的心，她买了一块白布和各种颜色的花线让赵一曼学挑花，赵一曼想了想，爽快地答应了。从此，每天赵一曼自己把门关好，一个人待在屋子里，有人来敲门，她就在屋里喊：“我在挑花呀！”并不去开门。

几个月过去了，母亲给赵一曼的那块白布上，什么花儿也没挑出来。原来，赵一曼每天在屋子里假借学挑花继续读进步书报。这时她阅读的范围更广泛了，革命理论、历史、哲学以及五四以后出现的新诗和小说……她边读边记读书心得，有时心血来潮，还模仿着写一些新诗和短文，请大姐夫修改。

新思想的冲击，改变着赵一曼的生活，她的心胸开阔了许多，也不再自怨自艾了，她要按进步书报上的号召投身到时代洪流中去。她对大姐夫郑佑之说："我要学习秋瑾大姐那种精神，到外面世界去闯一闯，再不能老被这个封建家庭束缚着了。"

郑佑之看到这个他看着长大的幺妹已经有了强烈的革命要求，引导她进一步投身革命已是水到渠成。于是他把赵一曼介绍给了共产党员何珌辉。1924 年初夏，赵一曼由何珌辉做介绍人，光荣地加入了中国社会主义青年团。入团后，赵一曼兴奋的有好几天合不拢嘴。

从此，赵一曼开始了她的革命生涯。

正所谓：诲人不倦育幼顽，悉心施教雕栋梁；待等雷鸣电闪日，海燕定会勇翱翔！

初出茅庐露锋芒

赵一曼加入了中国社会主义青年团，大姐夫郑佑之教她唱了一首歌。这首歌唱起来高亢激越、雄浑有力，给人一股精神抖擞、奋发向上的劲头！这就是《国际歌》。她特别喜欢这首歌里面的一段词——

“从来没有什么救世主，不是神仙也不是皇帝，更不是那些英雄豪杰，全靠自己救自己！要扫尽那万重的压迫，就要有牺牲精神。快快当着炉火通红，趁红打铁才能成功!”

“对！要扫除压迫求解放，不能靠天，也不能靠地，全靠自己救自己!”赵一曼这么认定了。

在家里，赵一曼与二姐李坤杰无话不说。她常常从白杨嘴村爬过后山到附近的曾家湾村二姐家里去。

“二姐，你晓得不？北京呀、上海呀、成都呀，都成立了妇女会啦，要求男女平等呢!”入了团的赵一曼与姐姐谈话的内容变化了，她常与姐姐谈妇女们组织起来争取权利、求得自己解放的事儿，二姐也很爱听。二姐很惊异，这个小妹子一下子变了一个人似的，这阵子怎么知道这么多天下大事：“幺妹，你从哪里懂得了这么多的道理呀?”

“我嘛，游过洋啊!”赵一曼开个玩笑，说完自己先咯咯地开怀大笑起来。紧接着，姐妹俩笑成了一团。

二姐李坤杰很快与她有了共同的兴趣和志向，不久，也加入了中国社会主义青年团。从此，宜宾白杨嘴村成立了一个青年团支部，赵一曼担任了团支部书记。

团支部成立后，办的第一件事就是在家乡组织“妇女解放同盟会”，这个会不管是年老年轻的妇女都可以参加，入了会通过进行各种活动，进一步提高妇女的觉悟，然后发展年轻的、表现积极的、思想进步的人加入中国社会主义青年团。

要在封建思想统治了千百年的乡村组织妇女成立社团，这在偏僻深山沟的白杨嘴村来说确实是件破天荒的事儿，谈何容易?开始时，赵一曼和二姐李坤杰找一些姐妹谈，妇女们都觉得新鲜，尽管议论纷纷却大都怀着观望的心态而踌躇不前。

后来，赵一曼和二姐又通过几个吃长斋的妇女进行联络，因为这些人吃斋化缘行动方便，也常与妇女们打交道。通过她们的口，宣传妇女们要团结起来争取男女平等，姑娘家要有与男子同受教育的权利；结婚的妇女要争取不受公婆与丈夫的打骂虐待……她们提出的奋斗目标也是许多妇女心中所想、所盼的，时间不长，就团结了一些志同道合的姐妹。

成立妇女解放同盟会的条件逐渐成熟了，大姐夫郑佑之赶到曾家湾村与赵一曼、李坤杰等人商量开成立妇女解放同盟会的事儿。

成立妇女解放同盟会都需要做些什么啊？二姐李坤杰和赵一曼她们都一无所知，一想到这事儿赵一曼心里就有些发憷。坐在二姐家的老银杏树下，赵一曼求救似的望着大姐夫郑佑之："怎么开这个成立会呀？你还是当老师来教教我们吧。"

"开成立会容易，只要把妇女们都召集起来，通过宣言、简章，选出会长就行了，"郑佑之说，"办好这个会，关键的是要在以后如何开展好工作，把妇女团结在同盟会里干点实事儿！"

大姐夫为支持她们组织这个妇女解放同盟会，是颇费了一番心思的，方方面面都想得很周到。他花了四块银元，托人到城里为同盟会刻印了宣言和简章。他把自己认真起草的宣言和简章很仔细地念给赵一曼她们听，主要段落还作了详细解释。随后，又与两个妹妹共同商量会长的人选问题。

赵一曼调皮地说："大姐夫来当我们的会长吧！"

大姐夫笑了，他摸摸自己的连鬓胡子调侃到：

"行啊，那我可得要把这胡子梳成大辫子喽！"

妇女解放

大家都被逗笑了。接下来，三个人又商量确定会议的地点、人员的招集、会议的程序和会上该讲些什么……大姐夫走了，只剩姐妹俩时，她们又有些犯愁了，头一次组织三十多个姐妹开会，可别当众出丑啊！二姐李坤杰把心一横，鼓励幺妹说："别怕！我就不信开个会比上花轿还可怕！当初我坐花轿时心里害怕极了，哭得死去活来，谁知道将被抬到哪里，嫁的是人还是鬼？如今不是也过来了……"

"二姐说得太对了！路是人走出来的，事儿是人干出来的。"赵一曼也有了信心。

1924 年 10 月 28 日，妇女解放同盟会在曾家湾石板寺召开了全体会员会议。会上通过了宣言、简章，还选举李坤杰为会长，白花场的曾大姐曾贵儒为副会长，赵一曼担任文书，因为她年轻，大家让她负责同盟会的具体工作。

不久，赵一曼她们在白花场禹王宫召开妇女解放同盟会成立大会。白花场是个大镇，有几百户人家，妇女解放同盟会成立这天，镇上来了许多人。赵一曼第一次当着众人的面站到禹王宫的石阶上向人们演讲：

"姐妹们，我们妇女从古至今还是有许多能人的，只是因为几千年的封建压迫，我们才没有得到解放。"

"过去让我们妇女讲'三从四德'，什么'三从四德'呀，纯粹是给我们妇女戴的枷锁！在家从父，这且不谈，父死还要从兄；出嫁从夫！我们只能说夫妻之间应当互相平等，应当互敬互助互爱，古人还提什么相敬如宾呢，为什么女的一定要从男呢？

还有一条，姐妹们，夫死还要从子哩！这是把我们妇女当人看待吗?”

赵一曼越讲越激昂，讲到最后，她举起拳头高呼：

“姐妹们，赶快团结起来！坚决反对‘三从四德’!”

“我们要做人，不做任人宰割的羔羊!”

“彻底砸烂封建枷锁!”

……

赵一曼的讲话把姐妹们的感情和勇气鼓动起来了，她讲完后会员们把她围了个水泄不通，纷纷上前道：“李幺姐呀，你的话都说到我们的心坎儿上了！……”

妇女解放同盟会很快受到了十里八村妇女们的拥护，会员也很快发展到了一百八十多人。在大姐夫郑佑之的具体帮助下，赵一曼她们还在白花场办起了一所义务学校，专收女孩子和成年妇女上学。这在宜宾地区是前所未有的事儿！似乎一潭死水投进了一块大石头，激溅起道道波浪。

正当赵一曼为妇女解放而风风火火、奔走呼号的时候，她的李氏家族觉得她“败坏门风”、“大逆不道”，对她发动了一次猛烈的进攻。

几位李家的老爷子把赵一曼的大哥李席儒找了来，他们你一言我一语地呵斥说：“我们李家从祖上就安分守己，讲究德行，从来没做过犯上作乱、扰乱法治的事。你家幺妹子小小年纪，不守闺房，不讲礼仪，到处乱闯，真是伤风败俗，辱没祖宗!”

“女孩子家脚也不裹，耳也不穿，一天到晚疯疯癫癫，实在太不像话了！”

“幺妹子这样胡来下去迟早要惹祸的！古语道：男大要当婚，女大不中留。眼下，最现实的办法就是赶快给她找个厉害的婆家嫁出去，让公婆好好去管教管教她！”

李席儒在族人的策动下，决定马上给赵一曼找个媒人议婚，他已经知道赵一曼参加了革命活动，很怕赵一曼会连累他们这个安乐窝不得安逸，心里合计着把赵一曼马上嫁了人家，也可以除了“祸根”。

媒人几次上门来议亲，终于被赵一曼发现了。她已是个青年团员，是个妇女解放同盟会的领袖了，她已经懂得如何来保护自己的自由和权利。当媒婆再一次出现在家门口时，她手里拿了一把豁麻，气势威严地迎在大门口，拦阻道：

“媒婆！你听着，我个人的事，用不着你来闲操心！现在都什么时候了，还由你们这些人来做婚姻买卖！”

媒婆先是一愣，马上皮笑肉不笑地辩解道：

“啊哟，幺妹子，别说得这么难听，我这全是为了你好呀！……”

“少废话，快滚！你要是再上门，我就用豁麻豁死你！你要知道，我是说得到做得到的！”

媒人们对赵一曼的厉害早有耳闻，谁也不敢再来碰这根钉子了，从此也再没有媒人上门了。

吓走了媒婆，赵一曼找到了大哥李席儒说道：“自古以来，婚姻大事是听父母之命、媒妁之言，可是现在不兴这一套了。我结不结婚，是我自己的自由，以后不用你们多操心。我知道，你们怕我连累你们，那好，把结婚需要开支的费用全都给我，让我进城去读书，从此绝不再沾染你们就是!"

李席儒哪里会答应，他发狠地说："不嫁人，就别想出白杨嘴！想用陪奁去读书，除非我死了!"

事情僵到这种地步，赵一曼在大姐夫的帮助下，决定公开向社会呼吁，控诉这个封建专制的家庭。当时中国共产党主办的《妇女周刊》上有"疑难问题解答"这样一个栏目，赵一曼把自己的处境和愿望，写成一篇《被兄嫂剥夺了求学权利的我》的文章，署名李一超寄给了《妇女周刊》。

由向警予主编的《妇女周刊》于1924年第49期上，发表了赵一曼这篇三千多字的文章。赵一曼在文章中向全社会大声疾呼：妇女"受专制礼教之压迫，做私有财产社会的奴隶，供专权男性的玩弄已有几千年了"。在文章中还写道："我自幼生长在这黑暗的家庭中以来，并没见丝毫的光亮，阎王似的家长哥哥，死死把我关在那铁围城中，受那黑暗之苦。""我感觉到这一点的时候，我极想挺身起来，实行解放，自己去读书。奈何家长哥哥专横，不承认我们女人是人，更不愿送我读书……请全世界的姊妹们和女权运动者，帮我设法，看我如何才能脱离这个地狱家庭，如何才能完全独立?"

这是一篇揭露封建社会压迫、残害妇女罪行的檄文，是一篇向旧思想、旧礼教的挑战书。当文章在《妇女周刊》发表后，赵一曼陆续收到全国各地许多热心青年的声援信件。

"你赶快设法离开家庭，到上海来读书吧！我们热烈欢迎你……"

"如果你能逃离家庭，我们愿意在经济上支援你……"

"……"

社会舆论的大力支持，四面八方伸来热情的援助之手，使得赵一曼心潮澎湃，热血沸腾，周身增添了无穷的力量。

这个时候，赵一曼不光只想着自身的解放，她还想着家乡姐妹们也要挣脱封建的枷锁，从被摧残的命运中解放出来。作为妇女解放同盟会的骨干，她为此四处奔走。

妇女解放同盟会有个会员叫富桂华，五岁时就由父母包办订了娃娃亲，但她的未婚夫长大后不爱劳动，游手好闲，又抽大烟，她为这桩婚姻忧心，想退婚，父母又依照老规矩，死活不答应，万般无奈，她找到了同盟会求得帮助。

"这个婚约必须解除！"赵一曼同情富桂华，和二姐李坤杰、副会长曾大姐一同来到富桂华家里，说服了她父母，把事情解决了。

妇女解放同盟会为受欺凌的妇女撑腰解难，妇女们有了不平事就马上来找同盟会，二姐李坤杰的家也便成了为妇女排除困难解决纠纷的场所。

一天，白花场来人说，画匠的女儿陈启明被后娘吊在橘子园里，要她们赶快去说情。那一天，赵一曼正在二姐家，姐俩马上赶到白花场。她们赶到的时候，陈启明已经被祖父解救下来了。

当下赵一曼和二姐商量邀集几个妇女，由两个会长带头，去和陈启明的那个后娘评理。

谁知陈启明的后娘是个刁钻泼辣货，她不等同盟会的人开口，就先发制人："你们来做啥子？你们听哪个说我虐待女儿了？我是那种人吗？启明这妹子就在这里，也会说话，你们问问她自己，我动过她一指头没有？"

陈启明是个矮矮的姑娘，吓得浑身颤抖起来，脸上也没了血色。

"话说回来，我是做娘的，打了她几下又能怎么样？管管孩子也犯你们的法吗？"她把门猛地一摔，"砰——"将同盟会的人隔在外面，自己进了屋里。

来评理的人面面相觑，只能安慰陈启明几句，然后各走各的。她们走后，后娘冷笑了几声，依照"画地为牢"的办法，在屋外边画了个圈，罚陈启明跪在那里。

赵一曼听说这次行动碰了钉子，心想：如果让陈启明的后娘占了上风，那么陈启明今后受到的虐待肯定会更严重，只有死路一条。于是，她悄悄找人捎信，约陈启明在白花场的橘子园见见面。

这天晚上，赵一曼等候在橘子园里。月亮升起来了，月光下，她看见陈启明攀着崖上一株黄桷树的根须溜下橘子园。赵一曼赶紧上前拉住了她的手。

"你是陈启明吧？我叫李淑端，是妇女解放同盟会的，想跟你谈谈。"赵一曼说，"你觉得你这样能活下去吗？"

"我过的是啥日子啊！"陈启明说着就啜泣起来，"你看，我浑身是伤，在家里连哭都不敢出声，还不如死了好呢！”

“你也太老实了，为啥不反抗呢？”

“我咋去反抗啊？爸爸只听后妈的话，动不动就用棍子打我，有时连饭都不给我吃……”

“越是这样，越应该坚强起来自己求解放！不能轻生！你愿意离开这个家吗？”

陈启明像是绝处逢生，她紧紧拉住了赵一曼的手：“只要你们肯帮助我，我就是去烧锅我也愿意！我什么苦都能吃！”

“好，你等着，我帮你想想办法！”

几天后一个风雨之夜，赵一曼让同盟会的人员桂三姐带着陈启明逃出了家门。当晚宿在三峨山的庙子里，第二天又奔向县城。陈启明这个从未出过家门的苦命孩子，从此走上了一条宽广的生活之路。

开展妇女工作，使赵一曼受到了实际斗争的锻炼，思想觉悟有了很大的提高，她愈来愈感到对封建家长哥哥的不能忍受，愈发感到牢笼似的家庭不可久居，她要冲出这个牢笼，去寻找光明。

几位姐姐理解她，支持她，几次为她进县城求学的事儿去找李席儒。

李席儒向大姐李坤俞、二姐李坤杰摊牌，提出了五条苛刻的条件：

“第一，离开了我的家，我就不管她的吃喝穿戴了；第二，出了我的家门就不许再进我的家门；第三，你们姐妹可以用私房钱供她念书，不许沾染了姐夫；第四，出门的名誉要好，假使有不好的风声，我要找你们当姐姐的是问；第五，上县城要你们亲自送去……”

条件虽然苛刻，毕竟为赵一曼争取到了进县城学习的权利，大姐李坤俞爽快地答应了下来。

赵一曼早就盼着这一天，她紧张地做着准备，行李都捆好了，恨不得即刻就走。谁料大哥又变卦了！李席儒不甘心这么放走赵一曼，又提出新的条件：“想走吗，可以！但要经过家族会议通过才行！”

赵一曼早就看清楚了族长老爷子们的一副副嘴脸，指望他们给开绿灯除非太阳打西边出来。她决定私自出走。

她把自己的想法一一告诉了母亲。

母亲端详着她，叹息着说道：“淑端哪，你莫走哇！你走了，叫妈妈自己怎么过啊？”说着，母亲极伤心地落下了眼泪，眼下，她身边只有赵一曼这个女儿了。

看着母亲老泪纵横、十分憔悴的面容，赵一曼心里也很难受，母亲性格软弱，父亲在世时，就经常挨打受骂，父亲去世后，家里的事情又做不了主，心里憋闷得慌。想到这些，赵一曼不觉紧紧依偎在母亲怀里，轻轻地呼唤着：

“妈——”

母亲用双手反复抚摸着女儿的脸庞，心里也很不是滋味。看到大儿子、大儿媳常常刁难赵一曼，她很难过。她知道女儿进城读书会有出息的，她同意小女儿走，却又割舍不下：

"淑端，你的事儿，姐姐们都说通我了，我也不想再拦阻你了。可是你看妈妈这个样子，也活不长了，活一天少一天，眼看就要过年了，你就不能陪着妈再过个年吗？"

"妈！好妈妈！"赵一曼高兴了，她应允了母亲的要求，眼里噙着的泪花也扑簌簌地落了下来。

要离开家的最后几天里，赵一曼反锁着屋门，躲在屋子里，清理着自己的东西。她从坛子里掏出一大堆信件，一件一件地翻阅着，自从大哥烧书之后，她就将收到的信件藏在平常腌菜的坛子里，这里有大姐夫郑佑之给她开列的"马克思列宁主义必读书目"，也有大姐夫郑佑之给她填的杂志订单，还有大姐夫、何珌辉等共产党员给她的信函。

翻着这些心爱的东西，赵一曼又想起了大姐夫对她的启迪。他鼓励她做个卢森堡那样的无产阶级女革命家；鼓励她像鉴湖女侠秋瑾那样坚定；鼓励她向恶势力斗争，但又不要一味乱闯……大姐夫的这些期冀，赵一曼虽早已经记在心中，但每当遇到难处还常常翻出来重读一遍。而今，她用牛皮纸一层层把这些信件包起来，要永远珍藏……

1926 年正月初五，赵一曼一大早就起来去向母亲告别。母亲整整哭了一夜，此刻白发蓬乱，双眼浮肿，满脸憔悴，她呆呆地望着女儿问："真要走吗？"

赵一曼心如乱麻，她搂住母亲，把头埋在母亲怀中："妈，我也是被逼得没办法啊，我坚决不能像你这样一辈子受苦受罪啊！"

母亲温情地抚弄着赵一曼的头发："儿呀，这回你一走就是一二百里，一个姑娘家头一次远离家门，我这当娘的怎能放心得下呀！"

"妈，我已经是二十岁的大姑娘了，能自己照顾自己了。"

"你长一百岁，在娘心里也总是个娃儿呀！"

难舍难分，却终须一别。赵一曼咬咬嘴唇，告别母亲，头也不回地上了路。她要先到二姐家去，再从曾家湾赶往县城。

到了曾家湾，二姐李坤杰要去找个人来给赵一曼背行李。一曼说："以后再长的路也得个人走，我得锻炼锻炼，我自己来背行李！"

姐妹们向一百二十里外的宜宾城进发了。这一带净是盘山的石板路，由于终年草木不凋，此时田埂上豆秧青绿，山凹里野花开放，从牢笼似的家里闯出来的赵一曼这会儿看着家乡的山水风光心里头格外地畅快，走起路来仿佛不知疲累，一口气就走出去六十里地。

傍晚，赶到打铁坳一家旅店住下时，赵一曼倒下就入睡了。二姐李坤杰听她在梦中不住地呻吟："妈呀，妈呀……"二姐便端起煤油灯看看妹妹的脚，两只脚板上都打起了大血泡，她悄悄给妹妹挑起血泡来，一边挑一边心疼地想：幺妹第一次离开家门，也从来没走过这么远的路呀，她怎能不累呢？又怎能不思念年老体衰的母亲呢？

第二天早晨，赵一曼起来觉得腿脚都有些难受，但她不愿让二姐李坤杰为她担心，背起行李又照样赶路了。翻过宜宾城外最高的斗牛岩，渡过急流涌浪的岷江，远远望着她朝思夜盼的宜宾城，第一次从白杨嘴村走出来的赵一曼眼睛里涌现出前所未有的喜悦！

正所谓：动员姐妹齐奋起，挣脱枷锁求生存；别母离家寻光明，雏燕凌空九霄云！

学生领袖展风范

20 世纪 20 年代的宜宾，已是四川省南部经济、文化比较发达的县城，县里办起了几所中学和中等师范，还创办了川南第一所女子师范学校，汇聚了来自川南各县的女学生，这个师范学校设立了中学部。1925 年农历正月十六日，赵一曼正式进入了这所学校读中学。这一年，她刚满二十岁。

赵一曼虽然穿着月蓝色家织布做的宽大的衫裤，有些土气，但她苗条的身材、清秀的面庞、灼灼有神的眼睛和她文雅大方、坦率爽朗的举止，使她很快便与同学们打成了一片，熟悉了起来。

初到宜宾，赵一曼住在县团委书记的家——武庙街郑家大院里。县团委书记的妹妹郑秀石是个举止娴雅、小巧灵活的漂亮姑娘，两个人一见如故，很快就亲姐妹般形影不离。过了元宵节赵一曼进了宜宾女师中学部，郑秀石和她分在一个班，座位紧挨着，白天一同上课，晚上睡在一张床铺上。

在乡下时，赵一曼虽然在大姐夫郑佑之的指教下学了几门功课，但严格地说，还没有达到高小毕业的程度呢！如今却要一下子来学中学课程，不免有些艰难吃力。县团委书记的妹妹郑秀石虽然比赵一曼的年龄小些，却当起她的补课先生来，耐心地帮助她补习功课，解释疑难问题。同时，赵一曼不管学习那门功课也都很用心刻苦，学习很快就跟了上来。

赵一曼的国文老师尹绍周是个共产党员，有一次他出了这样一道作文题：《"不如归去"与卖炒米糖开水的两种声音谁更悲惨》。看到这个别开生面的题目，很多学生都不知从何写起，皱着眉头下不了笔。

赵一曼托着下颏，注视着作文题目仔细思考了一会儿，然后，拿起笔来一气呵成便写出了这篇作文。她写道："不如归去"只不过是杜鹃鸟受自然压迫而叫唤出来的哀鸣声；"炒米糖开水"则是小生意人的叫卖声，两者截然不同。在夜静人稀时，同是被压迫、被剥削的小生意人沿着街头巷尾叫卖，等待那些吸足鸦片或清闲的赌钱人来吃喝，发出的"炒米糖开水"的叫卖声是凄凉而单调的。这声音中有穷人的悲酸，有社会的不平，比杜鹃鸟的叫声更悲凉也更凄惨！……

赵一曼的作文受到了国文老师尹绍周的赞许和好评。在又上作文课时，尹绍周老师把赵一曼的这篇作文当作范文读给全班同学听。同学们对赵一曼由惊讶到佩服，觉得她这篇作文语言生动活泼，论述条理清晰，分析也精深透彻。因此，当下了课时便纷纷争着要看她的作文，啧啧称赞，还请她讲讲文章是怎么写出来的。

赵一曼既谦虚又实在地说道："其实，我原先懂得道理并不太多，只因为后来读了一些进步书刊才慢慢地明白了一些革命道理。"她觉得，"炒米糖开水"是穷人受黑暗社会压迫，没有办法活下去，才提篮叫卖发出的声音。这说明她已经开始用阶级分析的方法来观察周围事物了。同学们都认为她说得入理，很愿意靠近她。她也趁此更主动的接近同学们，推荐大家读《妇女周刊》等进步刊物，她和同学们建立起了互相信赖的亲密关系。

要说先前赵一曼发表在《妇女周刊》上"疑难问题解答"栏目里的那篇《被兄嫂剥夺了求学权利的我》的三千多字的文章是一份向旧思想、旧礼教宣战的挑战书的话，那么，这篇《"不如归去"与卖炒米糖开水的两种声音谁更悲惨》的作文，可称得上是一篇揭露、抨击封建社会黑暗的战斗檄文。

不久，学校成立了青年团支部，赵一曼被推选为支部委员。她带领同学们唱新歌、演新戏，死气沉沉的女校在沉睡中醒来了。

当时，上海、北平的女学生都兴剪发辫，提倡"解放妇女，反对礼教"。这股风也吹到了宜宾女师，赵一曼和同学们酝酿着剪掉发辫、发髻，梳短发。事情传到了县教育局局长赵舜臣的耳朵里，他让各校都颁发布告：女中学生一律梳辫子，不准剪头发，违者马上除名停学！

布告一贴出来，学生们便议论纷纷，一时间校园里群情激愤。赵一曼立即召集团支部委员开会研究这件事，大家认为这是对女学生自由的一种束缚和歧视，必须坚决给予抵制。于是，第二天赵一曼带领着同学们去找监学。那时候监学就是校长，叫龙钟显。

“龙先生，教育局让我们挽髻，我们都梳不来头，挽不来髻，你指教一下吧！”大家笑嘻嘻地说。

“这是学堂，不是理发摊子，教什么梳头挽髻！”监学没好气地说。

“是呀，这里明明是学堂，可教育局局长赵舜臣偏偏要我们学挽髻。大家不会，你们又不教，怎么办？”赵一曼接过话头说。

“快走开，别胡闹！”监学发怒了。

“谁胡闹，我们是请你教挽髻！”

“我不会！”监学哼了一声，转身要走。

“喂，同学们！龙先生也不会挽髻，那我们只好都剪发了！”

赵一曼边说着边拿出事先已准备好的剪子，喀嚓一声，当着大家的面就把辫子给剪掉了。赵一曼成为宜宾历史上第一个剪短发的女学生。

同学们看赵一曼这样的果断，都受到了极大的鼓舞，也纷纷剪掉发辫，剪刀在同学们手上传递，发辫一个个被剪落地上。短短几天内宜宾女师的女学生都留起了英姿飒爽的短发。

当时大姐夫郑佑之正主编四川的《教育旬刊》，旬刊上有个栏目叫“七言八语”，赵一曼专门在这个栏目发表短文抨击了宜宾教育局的挽髻决定。

从此，赵一曼成了宜宾地区备受人们关注的人物。宜宾女师成立学生会时，她被当选为常委兼总务股股长，她还代表女师参加了宜宾县学联工作，担任了常委职务并具体负责宣传工作，成为宜宾地区学生运动的领导者之一。

就在这时，震撼中华大地的“五卅运动”爆发了！

1925年5月15日，上海市外棉七厂的日本资本家开枪打死工人代表、共产党员顾正红，打伤工人10多人，激起工人、学生和广大人民的极大愤怒。5月28日，中共中央在上海召开紧急会议，决定发动学生和工人在30日到租界内举行大规模的反帝示威活动，抗议帝国主义血腥屠杀中国人民的罪行。1925年5月30日，上海工人和学生举行援助纱厂工人的街头宣传讲演和示威游行，租界的英国巡捕在南京路上突然开枪，向密集的群众射击，打死学生、工人等13人，伤者不计其数，制造了震惊全国的五卅惨案。当天深夜，中共中央再次召开会议，决定组织行动委员会，把反帝斗争扩大到各阶层当中去，领导各界人民举行罢工、罢课、罢市，结成广泛的反帝统一战线。五卅运动沉重地打击了帝国主义的嚣张气焰，大大提高了中国人民的觉悟，揭开了大革命高潮的序幕。

“山雨欲来风满楼”。这股汹涌的革命浪潮也席卷到了宜宾，各校学生联合起来，组织“五卅运动”外交后援会参加这场斗争。赵一曼被选为后援会的妇女干事，她带领宜宾女师的同学们和全县师生、市民、工人、商人一起走上了街头，张贴标语，发表演说。

“打倒列强!”

“打倒军阀!”

……

赵一曼昂然挺进在游行的行列中，郑秀石、麻德旭的臂膀紧紧和她挽在一起前进。她们走到哪里，人群就紧跟到哪里。有些坏蛋朝她们吹口哨，扔杏核、橘子皮，赵一曼和同学们毫不理会，昂首阔步，勇敢向前！她们用行动汇入了华夏热土上反帝反封建的狂飙巨澜。

1926 年夏，一场轰轰烈烈的北伐战争开始了。

为了彻底推翻北洋军阀的反动统治，1926 年 7 月，国民革命军约 10 万人从广东分三路正式出师北伐。中国共产党直接领导的第四军叶挺独立团，担任北伐先遣队，他们英勇善战，获得了“铁军”的光荣称号。在中国共产党的领导下，广大工农群众对北伐战争给予了强有力的支援，使国民革命军迅速地向前推进。西路军解放了湖南，攻克了湖北武汉；中路军解放了江西；东路军解放了福建。在北伐军不断传出捷报的鼓舞下，全国人民的爱国情绪日益高涨，各地反帝反封建运动风起云涌，抵制“洋货”成了当时群众反帝爱国的一项具体行动。

1926 年端午节的前几天，宜宾学联接到泸州川南学联的通知说，有只英国油船企图在泸州码头停靠，已被泸州的学生打跑了，如果油船逃到宜宾，绝不能让它靠岸。宜宾学联接到通知后，立即成立了党团指挥部，决定发起一次抵制旧货的爱国运动，狠狠打击帝国主义及其走狗的气焰。

赵一曼也是党团指挥部的主要成员，负责宣传发动，油轮尚未出现，她们的宣传动员已深入人心。赵一曼对女师的同学们说：

“几十年来，各个帝国主义在经济上、政治上、文化上都对中国进行了残酷的侵略和掠夺，把我们的祖国已糟蹋得不成样子了，我们必须跟全国人民一道，团结起来，反对帝国主义侵略！现在，我们宜宾的奸商李伯衡又在帮助帝国主义贩运洋油，我们能不抵制吗？”

“不能！”

“帝国主义是我们的仇人，洋油就是‘仇油’，我们要坚决抵制！绝不能叫油轮在宜宾靠岸！”

……

同学们群情激愤，个个摩拳擦掌，做好了随时出发战斗的准备。

这一天，宜宾女师正在上课，一个宜宾学联代表气喘吁吁地跑进教室来报告：“来了！油轮来了！”

同学们一个个立即摔下书本，涌出教室。

学校院里大树上吊着的大钟“当当”地敲响了。

在指挥部工作的共产党员黄均喜老师站在院子当中高声喊道：“爱国的同学们，快下河去抵制‘仇油’啊！”

赵一曼和郑秀石、麻德旭一些女同学首先站出来响应，女师的师生在黄均喜、赵一曼的带领下像开闸的潮水一样向金沙江王爷庙码头涌去。

阴霾的天空中乌云密布，忽然下起倾盆大雨。在风雨中，王爷庙码头的堤坝上、石阶上却聚满了学生的队伍——联中的同学来了，宜宾男中的同学来了，女师的同学赶到了……两千多名宜宾的爱国师生把码头挤得满满的。总指挥、学联主席邵斌指挥同学们用竹筐抬石头，沿街布下岗哨，把守路口，防止坏人捣乱。

雨，越下越大，东山的白塔都被遮没了。李伯衡那艘装满“亚细亚牌”洋油的油轮，以为在这样的天气下进入宜宾码头卸货可以钻个空子，便逆浪而上。

他们没有想到的是，油船开到金沙江岷江会合的开阔处，快要靠近王爷庙码头时，岸上响起了震天撼地的吼声——

“打倒帝国主义！”

“反对经济侵略！”

“油船马上滚回去！”

“不许‘仇油’上岸！”

……

油船没有理会学生们的呐喊，依然顽固地驶向码头。这下可把群情激愤地学生队伍惹怒了，学联主席邵斌吼了一声：“打！”青石块顿时像漫天的冰雹“噼里啪啦”飞落在油船上，油船上的油桶发出了叮当乱响的刺耳声，油船不得不从码头边向江心退回去。同学们以为它会逃跑，可是它却停在江心不动弹了，且抛下了锚。

“打又打不着，天又黑了，怎么办?”邵斌与指挥部的师生商量。

“它早晚要起岸，”赵一曼说，“留下一批同学监视油船，别的同学先回去吃饭再来换班!”

瓢泼大雨下了三天三夜，同学们在江边轮班换岗地坚守了三天三夜，油船在江心中也停了三天三夜。第四天，云开天晴，油轮仍像死猪似的躺在江心浮动，这是怎么回事?

原来奸商李伯衡正在玩弄阴谋诡计。这个宜宾城有名的富商，从上海英商那里贩运来一船煤油，本想借此发一笔横财，他怎肯在学生面前告输？于是，他带着几千块大洋到城防司令辜勉之那里去讨“救兵”。辜勉之是个地方军阀，见了白花花的银洋，当即答应派兵“维持秩序”，保证洋油上岸，并扬言：“谁敢阻拦格杀勿论”！但老奸巨猾的李伯衡又怕把事情闹大不好收拾，便暗中通知油轮不要轻举妄动，约定天晴时派驳船到江心卸货，如果再发生冲突时，再请辜司令派兵来镇压。

第四天，趁着云开天晴，李伯衡让几个心腹带领，驾着驳船，悄悄地驶向油船边，开始卸货。

赵一曼和同学们早有防备。这时她挥手喊一声：“走!”几十个同学跳上两只木船，解了缆，摇着浆，向江心驶去。

邵斌带着这部分同学爬上奸商雇来的驳船，把卸下的油桶都推到了江心里去。赵一曼一连推下去十多桶，满身满脸的油垢。转眼间，江面上到处是一沉一浮的油桶。

岸上的群众欢呼起来：

“‘仇轮’赶快滚回去!”

“打倒奸商李伯衡!”

突然，砰！砰！砰！岸上响起刺耳的枪声。两个连的城防军在一个营长的带领下，端着明晃晃的刺刀发了疯似的向码头这边冲了过来，学生们被逼到王爷庙门前，再没有可退的地方了。

“赶快都解散！不然老子可就不客气了！”营长挥舞着驳壳枪大声吼叫着。

赵一曼上到岸口，迅捷地登到一个高坎儿上做起鼓动来，她大声疾呼：“同学们！我们这是正义的爱国行动，他们敢对我们怎么样?”她领着同学们喊起了口号，两千多人的呼声使士兵们震惊了。营长命令他们把学生们驱散，士兵们朝天放起了排枪，挥舞着刺刀在学生们眼前晃动着。等枪声一停，赵一曼毫无畏惧地又走上前去对士兵们做起宣传工作来：

“你们要开枪吗？打吧！但如果你们有良心，你们就想想，你们也是中国人！你们不打帝国主义，不打封建军阀，而来杀手无寸铁的爱国学生，算什么英雄好汉！万恶的帝国主义把我们中国当成一块肥肉任意宰割。把中国人当成牛马，任意屠杀。他们运来洋油就是进行经济侵略，为此，我们才不准他们上岸的，难道你们愿意当他们的走狗帮凶吗?”

那营长见赵一曼带头煽动，就直奔过去，恶狠狠地抡着手枪恫吓她：

“不准你再胡说八道!”他命令士兵，“快，把她给我抓起来!”

一直与赵一曼行动在一起的麻德旭怕赵一曼被抓走，这会儿几步窜上前去揪住了营长的衣服，同学们也一拥而上，挥起拳头高喊着："打龟儿子！""打走狗！"

士兵又朝天放了一阵乱枪，营长才得以脱身。但他们抓走了许多同学，扣留了三个谈判代表。

爱国有罪吗？城防司令部为什么抓捕爱国的学生？宜宾学联组织同学到城防司令部去请愿。

宜宾城防司令部在崇报寺，请愿学生将崇报寺围得水泄不通。辜勉之却传出话："段（段琪瑞）执政能演惨案，辜司令我也演得惨案！"辜司令的威胁，没有吓倒怒火中烧的学生，却激起了全城的愤怒，宜宾掀起了反帝爱国运动的高潮。各学校的宣传队走遍了大街小巷，赵一曼领着女师的同学到处演讲、贴标语，甚至把标语贴到了奸商李伯衡商号的大门上。一时间，县城里工人罢工，商人罢市，市民纷纷走上街头，声援爱国学生。

与此同时，党团领导学生爱国运动委员会向全国发出通电，呼吁全国学联给予支援，全省、全国各地纷纷来电支持宜宾的学生斗争，愤怒声讨辜勉之。省城成都的学生包围了督军府，向刘文辉请愿，支援宜宾学生。在全省、全国舆论的强大压力下，刘文辉命令辜勉之释放被捕、被扣学生。

军阀、奸商不得不让步了，他们答应了邵斌、赵一曼等学生代表提出的条件：

第一，在学生代表的监督下，所有"仇油"一律以七折拍卖，限三天卖完。

第二，保证以后不再贩卖“仇货”。

经过一场学生运动的考验，赵一曼也成熟起来了。1926 年夏，经尹绍周、郑景澄介绍，她光荣地加入了中国共产党。

封建军阀遭到了惨败，丢了面子，他们并不甘心，辜勉之出面指使教育局：学校提前放假，防止学生再闹事。

赵一曼已经将近一年没见到老母亲了。趁学校放假的机会赵一曼回到了白杨嘴村看望已经垂危的母亲，但她回家后刚三天，母亲便与世长辞了，留给一曼的是无尽的惆怅与悲痛。她为母亲的去世哭肿了眼睛，怀着悲愤写了一篇祭文。“封建制度不推翻，男女平等是空谈！”她在母亲灵前反复念这两句，好像在向旧世界宣战。

母亲一死，赵一曼与李家联系的最后一根线也断了。她无牵无挂地再一次来到县城。

同学们也正盼着她回来。新学期一开始，学校换了个监学。新监学张贴出一张告示：

“……近来学生嚣张已达到极峰，指挥叫嚣者有之，非从严甄别不足以整顿校风。兹决定李淑宁（赵一曼在女师读书时用名）等十三人勿庸来校。”

大家把学校的决定告诉了赵一曼，围着她说：“爱国运动是大家一起搞的，要走大家一起走！我们到教育局找局长说理去！”

赵一曼和同学们到了教育局，局长躲开不见，却传出话来说，成命不能收回！同学们愤怒地决定：大家一齐退学！虽然赵一曼不愿看见大家都失去学习机会而一再劝阻，同学们还是都卷起铺盖。正式开课这天，学校走得空无一人。

北伐军节节胜利的消息，不断传到宜宾，县城里人民欢欣鼓舞，鞭炮齐鸣，国共合作的国民党县党部在宜宾城内的将军祠建立，成立了中山中学，赵一曼和被学校开除及退学的同学们涌进了中山中学，开始了新的学习生活。

1926年10月，党组织决定保送赵一曼到中央军事政治学校武汉分校学习。她的二姐李坤杰，还有从家中逃出后已在中山中学读书的陈启明以及女中、联中、男中的许多同学都到金沙江畔码头上为她送行。

依依不舍的同学们哼唱起《离别歌》来——

“今朝离别天、离别天，离别好心酸，终夜泪不干、泪不干，相会在何年？各人珍重道路远，地各天涯难相见……”

登上甲板的赵一曼高高挥起双手深情地喊道：“二姐，同学们！莫难过，我们一定还会再见面的！”

船开了，金沙江涌起的波浪推送着这只大船驶向了长江，驶向了北伐军刚刚打下的武汉。赵一曼昂首站在船头，满怀一腔革命豪情，迎着江水涌起的层层波浪踏上了新的征程。

正所谓：革命浪潮掀巨澜，热血青年得锤炼；抵制洋货留短发，敢与黑暗来挑战！

巴蜀娇女着戎装

据武汉市志编辑室所编著的武汉市志《文物志》记载："武汉中央军事政治学校，在原武昌两湖书院内（现湖北医学院附属第一医院、湖北音乐学院、武昌实验小学等单位所在地）。武汉中央军事政治学校是大革命时期国共两党为培养国民革命军事政治人才而合力创办的高等军事院校。原名中央军事政治学校（即黄埔军校）武汉分校。1926 年 10 月底开始筹办，1927 年 2 月 12 日正式开学。1927 年 3 月国民党二届三中全会决定更名为中央军事政治学校，隶属国民党中央军事委员会。改校长制为委员制，由恽代英主持日常工作。"

1925 年冬，国民政府为了统一军官培训，命令在粤各军取消他们各自办的讲武堂和军官学校，合并于黄埔军校，同时将"陆军军官学校”改名为“中央军事政治学校”。所以武汉分校的全称是“中央军事政治学校武汉分校”。

黄埔军校名闻遐迩，值得一提的是，黄埔军校武汉分校成立后，开办了女生队，这是“破天荒的大事，是中国教育史上的创举”，造就了中国现代第一代女军官。黄埔军校第6期培养了黄埔军校史上唯一的一期女生队。

黄埔办女生队阻力大，国民党右派反对，封建势力阻挠，中国共产党人下决心在军校培训妇女骨干成立女生队是武汉分校的创举，恽代英曾对女生队负责人说：“办女生队阻力很大，丁惟汾（国民党右派）等人反对，封建势力拼命阻挠，守旧的人也不赞成。我们党下决心要在军校培训妇女骨干，毕业后参加领导中国妇女翻身解放的斗争。你们的责任重大，你们要努力呀！”原武汉分校女生队学员吕儒贞回忆说：“那时我也觉悟到，妇女要在革命的政府领导下，有了参政权，有了职业，经济独立，才能在政治、文化、经济上达到真正的男女平等。国民革命胜利，国民政府迁都武汉，我无限欢欣鼓舞，盼望能参加工作，进革命学校，充实和锻炼自己。”那时女生当兵的动机，十有八九是为了脱离封建家庭的压迫，找寻自己出路的。

1926年2月，有183名女生正式入学，加上南湖学兵团30名女生被并入黄埔军校女生队，女生队从而扩大为213人。黄埔军校女生队中有的是在校大学生，相当一部分是中学生。其中萧楚女、恽代英在重庆、泸州时的学生接受革命影响较早，有一定的理论水平；有的在抵制旧货等爱国运动中，作出过很大贡献，但是其他一些人，基本上是“爱国有心，知识不足。”无论怎样，她们都有一个共同特点，就是敢于冲破封建藩篱，投身到轰轰烈烈的革命洪流中去。

由于新生入校后首先需受3个月的入伍教育，被编为1个大队的女生，与新招收的政治科两个大队统属第6期入伍生总队。女生队下分3个中队，9个区队，每个区队3个班。在黄埔本校的第1、2、3、4期学生内，是不设指导员的。武汉分校一成立，首先在女生队设置了指导员。女生队长是郑奠邦，区队长是杨伯珩、张麟书、彭漪兰、钟复光、唐维淑。

黄埔军校武汉分校女生队设在两湖书院东首一个院落的两层楼里。楼上是宿舍，楼下是饭堂。军校纪律非常严格，生活节奏非常紧张。早上军号一响，马上起床、穿衣、梳洗，将被子叠得方方正正像个豆腐块，摆在木板床正中央。10分钟一切要收拾完毕，然后进行操练。在饭堂里吃饭也要军事化，只要队长放下筷子，学生们必须全体起立，没有吃完的要受到批评。从早上5时半起床开始，一直到晚上9时半睡觉，简直没有休息时间。每天8堂课，4节学科，4节术科。军事训练课有步兵操典、射击训练，还到蛇山“打野外”进行实地军事演习等。她们接受学校一切严格的训练，要做和男生一样多的工作，大有巾帼不让须眉之势。

黄埔军校女生队从建立到结束，虽然只有半年多的时间，但这在许多女生的人生道路上却是不平常的一段。她们中的不少人成为千古不朽的巾帼英烈，赵一曼便是其中最为突出的一个。

当时，赵一曼来到武汉，立即被这里热火朝天的革命氛围感染了。这个打响辛亥革命第一枪的地方，此刻又成为北伐战争的重镇，街上随处可见反对列强的标语，工人纠察队扛枪昂扬行进，妇女们梳着短发，孩子们列队高唱《北伐歌》："打倒列强！打倒列强！除军阀！除军阀！……"赵一曼觉得自己来到了一个崭新的世界，心情格外地兴奋。

1927 年 2 月 12 日，黄埔军校武汉分校举行开学典礼。200 多名女生，同男生一样，着深灰色军装，紧束着腰带，带着军帽，打着绑腿，并肩站立。

号声响了，一个打着黄呢子绑腿、背着驳壳枪的英武军官走了过来，他是队长。他举起拳头喊声"集合"，二百多名穿着花旗袍、短棉袄等各式各样服装的姑娘们好半天才排成队列。

"同志们！"队长扯扯武装带，开始讲话。"同志"这个称呼，过去只是在团员、党员之间暗地里叫过，而今在公开场合郑重地叫出来，赵一曼感到十分的亲切。队长说："从现在起，你们就是革命战士啦！就是说，要剪掉辫子，脱下长袍，洗掉脂粉，从现在起要穿上国民革命军军装，学会打绑腿、行军礼、遵守军队纪律……"

接着，队长开始按花名册喊名字发军装。这是个庄严的时刻，却并不肃穆，领到军装的女兵们又一阵叽叽喳喳，各自把灰色军装穿起来。赵一曼穿上军装，上下看了又看，兴奋了好一阵子，她刚过二十一岁生日，从此，她就是北伐军的革命军人啦！

军装虽然好穿，军人却不好当。在军队与在学校里读书完全不一样了。要服从命令听指挥，军号就是命令，按号声起床、就寝、吃饭、熄灯……对这些赵一曼她们虽然很不习惯，却也感到格外的新鲜。

绑腿最不好打了，开始赵一曼一圈一圈地往腿上缠，两腿缠得总是高矮不齐。一天晚上，赵一曼和同寝室的女兵摸黑练习穿军装、打绑腿，却被提着马灯查夜的值勤官发现了，值勤官闯到她们寝室门前，一声断喝：

“赶快睡下！还没吹起床号，谁叫你们起来的？简直是胡闹！”

赵一曼逐渐明白了：军人，要令行禁止，不可擅自行动！她很快熟悉了这种严格的军队生活。

武汉虽然被称为长江岸上的三大火炉之一，但冬季要比宜宾冷得多，在四面透风的教室里，她们穿着棉军装还觉得有些冷。但就在这样的环境中，她系统地学完了世界革命史、哲学、经济学、《共产党宣言》等许多课程，懂得了许多以前只一知半解的革命理论。她们还完成了战士的基本训练：队列、射击、投弹、班进攻、排进攻……赵一曼对射击情有独钟，她很快学会了使用步枪、手枪、机枪，学会了点射、连射、立射、跑射、卧射，她的射击成绩一天天在提高。

阳春三月，绿染江南。军校的女生们个个英姿焕发，昂首挺胸，迈着矫健的步伐，迎着和煦的春风，出发到野外参加实战演习。

赵一曼和另外几个女生担任尖兵，她们全副武装，由队长带领，沿着一片河滩地向前搜索前进：一会儿迅速卧倒，一会儿匍匐前进，一会儿跃起身来跑步前进……与战场上打仗一模一样。

当卧倒在一块坟地时，赵一曼看见前面有几只小羊在吃草，在家里时，她养过羊，那是只黑山羊，而这几只是白色的长毛羊，很惹人喜欢。她不忍心吓着小羊，便跑上前去轻轻把小羊轰走了。

“李淑宁，你想干什么？”队长怒吼起来，“这是打野外！是在战场上！……”

回到学校，赵一曼在区队训练前又一次受到更为严厉的批评，并以“破坏战场纪律”被罚站十分钟，令她反省自己的错误。

罚站结束回到寝室，赵一曼的心里犹如“十五只水桶打水——七上八下”的烦乱，悄无声息地一头躺倒在自己的床铺上，两眼看着天花板直发呆了老半天，她扪心自问：“我怎么干了这样一件蠢事呢？真是该死！”赵一曼一骨碌爬起来，就写起书面检查来。

一位名叫小胖子的宜宾同乡，来到赵一曼的床铺前安慰她说：“淑宁啊，今天的事儿你一定要想开一些，又不是真打仗，小题大作！队长也有点儿太过分了！”

赵一曼忙说：“我错就错在没把演习当成真的。我应该受罚。老是原谅自己就永远成不了好战士，将来到了战场上也会吃败仗的。”

赵一曼从此以对自己更严格的要求投入到了各个训练科目中

去。她练得非常认真刻苦，别人练一遍的，她要练两遍、三遍，直到完全掌握要领、熟悉动作为止。

由于紧张的训练和过度的劳累，赵一曼肺部的旧病又复发了，不断地大口吐着血，学校将她送进了医院。

赵一曼在病床上躺了十多天，这是一段中国现代史上不平常的日子，革命形势发生了急剧的变化。

1927 年 4 月 11 日，蒋介石发出“已克复的各省一致实行清党”的密令，上海的形势骤变。4 月 12 日凌晨，停泊在上海高昌庙的军舰上空升起了信号，早已做好准备的青红帮流氓打手，臂缠白布黑“工”字袖标，冒充工人，从租界内分头冲出，向闸北、南市、沪西、吴淞、浦东等 14 处工人纠察队袭击。工人纠察队奋起抵抗。双方正在激战，国民革命军第二十六军（蒋介石收编的孙传芳旧部）开来，以调解“工人内讧”为名，收缴工人纠察队武装，1700 多支枪被缴，300 多名纠察队员被打死打伤。事件发生后，上海工人和各界群众举行总罢工和示威游行，抗议反动派的血腥暴行。

4 月 13 日上午，上海烟厂、电车厂、丝厂和市政、邮务、海员及各业工人举行罢工，参加罢工的工人达 20 万人。上海总工会在闸北青云路广场召开有 10 万人参加的群众大会。大会通过决议，要求：一、收回工人的武装；二、严办破坏工会的长官；三、抚恤死难烈士的家属；四、向租界的帝国主义者提出严重的抗议；五、通电中央政府及全国、全世界给予援助；六、军事当局负责保护上海总工会。

会后，群众冒雨游行，赴宝山路第二十六军第二师司令部请愿，要求释放被捕工人，交还纠察队枪械。游行队伍长达 1 公里，行至宝山路三德里附近时，埋伏在里弄内的第二师士兵突然奔出，向群众开枪扫射，当场打死 100 多人，伤者不知其数。宝山路上一时血流成河。当天下午，反动军队占领上海总工会和工人纠察队总指挥处。接着，查封或解散革命组织和进步团体，进行疯狂的搜捕和屠杀。在事变后 3 天中，上海共产党员和革命群众被杀者 300 多人，被捕者 500 多人，失踪者 5000 多人，优秀共产党员汪寿华、陈延年、赵世炎等光荣牺牲。

紧接着驻守湖北宜昌的夏斗寅部队和由四川出来的杨森部队汇合起来也通电反共，革命形势极为严峻。

一天，宜宾同乡小胖子到医院来看望赵一曼，赵一曼见小胖子神情有些不安，便说道："看你愁眉苦脸的样子，肯定是出了什么事，快告诉我！"

"同学们明天要出发打仗去了！"

"到哪儿去打仗？"赵一曼猛地坐了起来。

当小胖子把形势讲给赵一曼听，告诉她夏斗寅部队乘武汉革命政府城防空虚，已攻到武汉附近的纸坊，军校学生编成独立师，由叶挺带领马上开赴前线时，赵一曼从病床上猛地跳了下来，匆匆忙忙地收拾起东西来，并找出了军装，边拾掇着边对小胖子说道："我们快回学校去！"

"这是去打仗啊！"小胖子劝她，"你的病还没好利索，还是好好养病吧！"

赵一曼已归心似箭。在保卫革命的紧要关头，共产党员怎能不冲到前边去呢？她穿好军装和小胖子赶回了两湖书院。

赵一曼和军校的女生加入了叶挺的独立师行列向前方进发了。她们是后续部队，一直跟随前线部队前进，赵一曼的草鞋磨穿了，脚板起了血泡，连续行军十几天，赵一曼第一次目睹了战后的村庄和田野。

1927 年 5 月 21 日，湖南军阀许克祥在蒋介石的策动下，在长沙对共产党发动突然袭击，血腥镇压革命者，制造了震惊全国的“马日事变”；紧接着，武汉革命政府中以汪精卫为首的国民党反动派也开始镇压工农、反对共产党，蒋汪合流，白色恐怖笼罩了武汉三镇。

在共产党人领导的中央军事政治学校，不断有人退党。独立师的政治部主任也在《中央日报》上公开发表宣言退出了共产党……面对严酷的现实，党组织为保存革命力量开始有计划的疏散党员，学校改编的教导团也将离开武汉，向南昌一带转移。

宜宾同乡小胖子脱下军装，换上旗袍来找赵一曼：“淑宁，我们一起回去吧！”

“你这是怎么啦?”赵一曼惊异地问。

“我看透了，”小胖子伤感地说，“生活就是这么回事！”说着她把一张刚刚出版的《中央日报》递给赵一曼看：“我们独立师的政治部主任都登报公开宣言脱党了！”

赵一曼接过报纸，看到那宣言，直气得脸色苍白双手打哆嗦，事情来得太突然，她气愤地将报纸摔在地下，猛踩几脚：

"可耻！可耻！"

难道共产党真的打败了吗？革命真的不能挽回了吗？赵一曼的心在一阵阵颤抖。是的，敌人一时很猖狂，叫嚣"宁可枉杀千人，不可使一人漏网"，但赵一曼相信共产党的事业是正义的事业，是高举火炬给穷苦老百姓送来光明的事业，真理在握，乌云密布的恶劣形势，正是对革命者的考验。

这是赵一曼参加中国共产党后面临的第一次严峻的考验。一年前，她成为无产阶级先锋队中的一员，面对鲜艳的党旗，她右手紧握拳头宣誓：头可断，血可流，为了劳苦大众的幸福，为了实现壮丽的共产主义事业，决心革命到底，永不回头！……

想到这些，赵一曼对小胖子说："咱们参加了革命军队就是革命战士，不能革命顺利了就参加进来，革命危急关头就退出去，我们要用生命来保卫革命的红旗！"

赵一曼坚定地留在军校教导团，并随教导团向南昌出发。

部队离开武汉时，汪精卫的反共面目已暴露无遗，这里白天囚车飞奔，夜晚枪声不断，成批的革命者被杀害，残酷的现实，使赵一曼更加贴近了党。她要紧紧依靠着党去迎接新的战斗。

正所谓：少女自有鸿鹄志，学文习武堪称奇；摸爬滚打苦磨炼，为民救国忘生死！

革命圣地得深造

1927 年，由于蒋介石和汪精卫的叛变，第一次国内革命战争（北伐战争）失败了。中国共产党为了挽救革命，遂决定采取独立的军事行动，集中武装力量，进行南昌暴动，并派中央常委周恩来赴南昌，组成前敌委员会领导暴动。8 月 1 日凌晨 2 时，贺龙、叶挺、朱德、刘伯承等率部举行起义，经过 4 个多小时的激烈战斗，歼敌 1 万多人，这样，南昌守敌几乎全部被歼灭，起义部队占领了南昌城。南昌起义打响了武装反抗国民党反动派的第一枪，标志着中国共产党独立领导革命战争和创建革命军队的开始。

紧接着南昌起义，中国共产党领导的又一次伟大的工农武装暴动——湘赣边界的秋收起义。湘赣边界的秋收起义，由于处在敌强我弱的形势下，在开始时以进攻城市为主，由于缺乏作战经验等原因，遭受了挫折。但这次起义具有伟大的历史意义，公开打出了中国共产党领导武装起义的旗帜，建立了工农革命军。在起义受挫后，毛泽东及时改变原来攻打长沙的计划，率领起义部队奔向井冈山革命根据地，为保存和发展革命力量，逐步地找到了一条正确的道路。

在这种形势下，白区的中国共产党人的斗争不得不转为地下，国内革命陷入低谷。为了保存和培养干部，党派一些骨干秘密去苏联莫斯科中山大学学习，赵一曼和一批同志踏上了征途。

一艘悬挂着苏联国旗的商船从上海黄浦江口鸣笛启航了，这是开往苏联海参崴的一艘远洋轮船。扶着船舷的铁链子，赵一曼久久地瞭望渐渐被黑暗吞没的祖国陆地上的灯火，心中默念着一句话："再见了，祖国！再见了，亲人们！"

她忽然想起小时候，曾对侄儿、侄女说过，自己长大了要"游洋"，这曾被人嘲笑为难以实现的幻想，而今，她为了革命事业，真的"游洋"了，这是命运的安排吗？十月革命后的苏联是所有革命者向往的地方，她将在这里学习革命本领。当轮船劈开墨色波浪，发出有节奏的啪、啪的声响时，赵一曼的那颗激动的心儿已经从祖国飞向了即将到达的莫斯科。

赵一曼站在轮船的舱外，海风吹拂着她的短发，她那双大眼睛眯成了月牙儿一直在盯着轮船后边那墨色的层层波浪，心中在思绪万千。突然有人在背后与赵一曼搭话：

"夜里海上太凉，回舱里去吧！"同行的一位年轻人招呼她说。

赵一曼忙回头感激地看了这个青年一眼，觉得身上穿的衣服真是太少了，夜风吹来也确实感到有些发冷，便跟着青年人的脚步回到了船舱里。

“你是四川什么地方人?”青年问赵一曼。

“你怎么知道我是四川人呀?”赵一曼奇怪地反问。

“听你说话的口音我就知道你肯定是四川人。”青年微笑着回答道。

“我是四川宜宾的。你家是什么地方的?”赵一曼盯着对方问道。

借着船舱的灯光赵一曼看清了这位青年的面庞，他颧骨略高，浓眉大眼，一脸和善和敦厚，二十七八岁的样子。他叫陈达邦，是湖南人，黄埔军校第六期的毕业生，他本想在革命军队里奉献热血，没想到北伐革命军被蒋介石篡夺了领导权，他作为党员受派遣与赵一曼等一批同志同赴苏联去学习深造。

第二天吃早饭时，他俩又坐在了一起。赵一曼吃不惯船上的饭菜，看着面前已打好的饭菜皱起了眉头，陈达邦送上了带在身边的榨菜，榨菜上沾着引人食欲的辣椒粉，赵一曼顿时开颜：“你也喜欢吃辣的?”

陈达邦一笑：“我们湖南人大都爱吃辣子，也是不亚于你们四川人的!”

萍水相逢的两个革命青年就这样熟悉了。他们一起来到了全世界无产者向往的革命圣地莫斯科。

在波澜壮阔的中国现代史上，对其影响最大的“洋学府”恐怕要数莫斯科中山大学了。这所由俄国人出资创办，并冠以中华民国“国父”孙中山之名的异国学校在20世纪20年代后期聚集了一大批中国青年之精英。

莫斯科中山大学成立于1925年10月，地点在莫斯科沃尔洪卡大街16号。校园里有一座三层楼的小别墅，还有花园、篮球场、排球场、溜冰场。这座古建筑是十月革命前一个俄国贵族的官邸，屋顶浮雕华美，室内吊灯堂皇，每一间房屋都高大敞亮，一个大厅已改成礼堂，整座宅院已改成具有一定规模的学校。

当时的莫斯科中山大学还处于秘密状态，不对外公开，也不挂牌子，每一个学生都起了个很好听的苏联名字，这主要考虑到中国学生回国以后的安全。

莫斯科中山大学学制二年，中国学生来到这里的重要任务就是学习。中国学生首先要学习俄语。第一学年，俄语学习时间特别长，每天为4课时。其他课程为：政治经济学、历史、现代世界观、俄国革命理论与实践、民族与殖民地问题。第二学年的课程为中国革命运动史、世界通史、马克思主义哲学、列宁主义原理、经济地理等。中山大学还有一门重要课程就是军事训练，该课程每周一天，主要内容为步兵操典、射击、武器维修等。

学习的方法是教授先授课（用俄文讲，有中文翻译），然后学生提问、教授解答、自由讨论和辩论，最后由教授作总结。

莫斯科中山大学名义上是为国民党而办的，所以中大的管理者有苏联共产党和中国国民党。1926年夏，邵力子来到莫斯科，代表国民党进驻中山大学负责监理工作，成为中大的理事会成员。这期间，国民党要人宋庆龄、冯玉祥、胡汉民等纷纷来到中山大学演讲。

赵一曼进入莫斯科中山大学后，被分配到第六班，学生证号807。学生证上都写着俄语的名字，赵一曼的俄语名字也是很好听的，叫斯科玛秋娃。但同学们都叫她“毛栗子”。因为她一到莫斯科后就投入到了紧张的学习课程中去。要学习俄语，消除语言障碍，又要学习革命理论。过去很少梳妆打扮的她，更没有时间修饰了，头发总是竖竖着，蓬蓬乱乱的，像毛栗子似的。

谁也没有料想到的是，正在紧张学习的赵一曼，来到莫斯科学习还不到半年的时间，一天突然宣布：她要与陈达邦结婚了！

“等一等吧，现在哪是安排个人生活的时候！学习结束回国后再结婚也不晚呀。”亲近她的同学纷纷劝阻道。

赵一曼以笑作答。因为她已拿定了主意，要把命运和陈达邦联系在一起。陈达邦是她有生以来的第一个也是唯一一个闯进她爱情世界的男人，这种爱的悸动，使她很快与陈达邦组成了家庭。

但是没有多久，莫斯科冬季难耐的严寒和紧张得让人喘不过气来的学习就把赵一曼本不壮实的身体压垮了。她又一次吐血了。

赵一曼被送到黑海岸畔的克里米亚海滨疗养院。没有了学校集体生活的快节奏，没有了繁重的功课，代之以医护人员的精心诊治，轻松的疗养生活和黑海岸边那宜人的气候，赵一曼在很短的时间内就恢复了健康。第二年暑期开学之前，她不顾医生的劝阻就急忙赶回到了莫斯科。

不料，她回到莫斯科不久，就怀孕了，天气一冷，她的肺病又一次复发，苏联医生警告她说，莫斯科严冷的气候对她的健康是一个很大的威胁！

怀孕、病倒、停学……一连串的打击，使赵一曼一时的懊恼和烦躁起来。幸好丈夫陈达邦对她百般体贴和格外关切。

当时国内革命形势已处于新的发展时期，白区工作急需很多干部，在莫斯科中山大学学习的一部分同学将回国参加革命工作。听到这个消息，赵一曼便与陈达邦商量：

“我在这儿既不能上课，又不适合治疗，国内的革命却急需要人才，达邦，那我就先回国去吧！”

“你怀孕已经四五个月了，行动太不方便了，还是等孩子生下来咱们一块再走吧，我们一路回家，也好有个照应。”陈达邦深情地说。

赵一曼摇摇头：“我是半途而废了，不能让你也半途而废。还是我一个人先回去吧，孩子可以回国后再生。”

陈达邦见拦不住她，就把自己的戒指和一块银壳怀表交给赵一曼：“如果你决心要走，就把这些带上，路上或回国后会有用的。”

赵一曼将两件东西收好说：“好吧，我收下它们，看到它们就如见到了你！”

赵一曼不愿意看到丈夫惜别时的泪眼，更不愿意让丈夫在紧张的学习期间再增添一丝不愉快，故此，第二天趁丈夫去上课时，她独自提上行囊悄悄与回国的同学踏上了通往西伯利亚的列车。让赵一曼万万没有料想到的是，自此一走便成了永别，再也没能与丈夫陈达邦见面！

这是一次艰难的跋涉，暴风雪把西伯利亚铁路许多路段的铁轨掩埋了，赵一曼一行从莫斯科坐火车到海参崴竟走了十多天的时间。

快到海参崴时，铁路又一次被大雪封闭了，为了赶搭通往上海的轮船，他们徒步奔向港口。严寒令人窒息，怀着孩子的赵一曼又是头晕又是呕吐，脚上还生了冻疮，走路十分困难，同志们架着她、拖着她前进。

上了轮船，海上的颠簸使赵一曼一路呕吐得不能进食，被折磨得几近奄奄一息。但当同志们呼喊着："上海到了！上海到了！"的时候，从轮船上远远可以看见黄浦江码头，看见上海市影影绰绰的轮廓时，赵一曼忽然精神起来。她睁大双眼紧盯着这片已分别了十五个月的土地，脸上露出了欣慰的笑容。

赵一曼知道，新的革命工作正在等待着她。

正所谓：搭船乘车苦跋涉，奔赴圣地学马列；取经路上遇知己，情投志同道更合。

白山黑水巧周旋

1932年春，赵一曼被党组织派往东北地区工作。先后任满洲总工会秘书、组织部长，中共滨江省珠河县中心县委特派员、铁北区委书记，领导工人进行罢工运动，组织青年农民反日游击队与敌人进行周旋，展开斗争。

哈尔滨原本是个美丽的城市，高大的俄罗斯式的房屋，整齐的道路两旁绿树成荫，空气格外新鲜。但在那时哈尔滨却成了一个黑暗的城市——日本帝国主义无情地侵占了这里，蹂躏着中国人民，日寇、伪军、警察横行于市，白色恐怖笼罩的哈尔滨像是一座大监狱。赵一曼来到这里，要在日伪军的眼皮底下从事党的秘密工作。

赵一曼第一次来到哈尔滨，目睹铁蹄下的哈尔滨，顿感两肩承担的责任的艰巨。

依然是短发，依然是椭圆俊美的面庞，但那眼神分明已增添了几分成熟，几分干练。她回国已三年多了，在这三年中，祖国经历了一次次巨大的震荡。她在震荡中接受着洗礼，眼下已成为党在白区斗争中有经验的妇女领导干部。

从苏联回到上海后，党中央即派赵一曼去湖北宜昌建立地下交通站，以后辗转在上海、江西南昌等地担任党的地下交通员，有时给上级组织转送党的文件，有时要复写党的秘密指示，有时要掩护自己的同志向新的工作地点转移……巧妙地与敌人周旋，躲过一次次追踪围捕，饱尝了缺乏经费、流离失所的困苦，她受到了一次次锻炼。

在宜昌地下交通站工作时，交通站暴露了，赵一曼机警地避开了敌人的搜捕，然而肚子却阵阵作痛，她知道将要临产。她急忙走向一个偏僻的小巷，找到一个贫苦的老太太，求她租间房子分娩。老太太听说她要生孩子，一口拒绝了。一连走了几家都是同样结果，原来当地风俗是孩子怀在哪里就该生在哪里。好不容易才找到一个好心的媳妇，租到半间屋子生下孩子。婴儿降生了，要啥没啥，她只得用自己的衣服包孩子，在房东媳妇的照料下，度过了难以行动的几天。几天以后，她把丈夫陈达邦交给她的那枚金戒指留给了主人，悄然离去。

赵一曼带着孩子跑交通，不便于开展工作，她和陈达邦的妹妹陈琮瑛（任弼时夫人的妹妹）商量，将孩子交给达邦的堂兄陈岳云抚养。她风尘仆仆赶到汉口，将儿子陈掖贤托付给堂兄后，便毅然离去返回上海准备接受新的任务。又使赵一曼万万没有想到的是，这一次分手，竟成了她与爱子的永诀。

1931 年 9 月 18 日晚，盘踞在中国东北的日本关东军按照精心策划的阴谋，由铁道“守备队”炸毁沈阳柳条湖附近的南满铁路路轨，并嫁祸于中国军队。这就是所谓的“柳条湖事件”。日军以此为借口，突然向驻守在沈阳北大营的中国军队发动进攻。由于东北军执行蒋介石的“不抵抗政策”，当晚日军便攻占了北大营，次日占领了整个沈阳城。日军继续向辽宁、吉林和黑龙江的广大地区进攻，短短 4 个多月内，128 万平方公里、相当于日本国土 3.5 倍的中国东北全部沦陷，3000 多万东北父老成了亡国奴。这就是震惊中外的“九·一八”事变。“九·一八”事变激起了全国人民的抗日怒潮。各地人民纷纷要求抗日，反对国民党政府的不抵抗主义。

在这民族危亡的紧急关头，中国共产党向全国发出抗日救亡的号召，同时，派出大批优秀干部到东北发动人民开展抗日斗争。赵一曼就是受党中央派遣奔赴东北的。

赵一曼出山海关后，先来到了沈阳，在中共满洲（日本侵占东北后，将东三省称为满洲）省委领导下，在沈阳大英烟草公司和纺纱厂做救亡宣传工作。正当工作初见成效时，满洲省委机关被敌人发现并破坏了，她也随满洲省委北上哈尔滨。

赵一曼在地下满洲总工会担任秘书，与总工会书记老曹组织了一个假“家庭”，老曹和她对外称夫妻，以应付敌人的盘查，老曹原来是个铁路工人，参加过著名的“二七”大罢工，有着丰富的工会斗争经验。

敌伪统治十分严酷，实行了“联保制”、“良民登记制”，没有铺保，连房子都租不上，许多人动辄被当成“嫌疑犯”抓起来。为了安全，总工会在南岗租了一所俄国侨民的住宅，住在这里不必报户口，又没有邻居登门，出来进去无人过问。

每天清晨，当附近的“喇叭台”教堂响起清脆的钟声时，赵一曼就已起床做早饭了，送走了在外活动的老曹，她就拖地板，洗衣服，上街买菜……蛮像个能干的家庭主妇。实际上，她担负着总工会的机关工作：抄写文件、刻印传单、对外联络……她还负责在烟厂、电车厂工人中间从事救亡活动。

1933 年 4 月 2 日晚上，老曹八九点钟还没回机关，赵一曼不安地听着门外的动静。从事地下斗争，谁知道会发生什么意外呢？她到外面又转了一圈儿，还是没有发现什么可疑的行迹。正要回身进屋，老曹在街口出现了。

“今傍晚发生了一个紧急情况。”老曹边进屋边凑近赵一曼低声说道。

原来，这天日本警备司令部警备营一个姓孙的营长，穿着便衣，从桃花巷登上电车。售票员向他要票，姓孙的两眼一瞪说：“他妈的！老子还买什么车票？没长眼吗?!”

售票员名叫张鸿渔是个共青团员，他恨透了这些为虎作伥的汉奸，没有被喝骂所吓倒，便冲着姓孙的高声回道：“是人就得买票!”

姓孙的营长当众丢了面子，恼羞成怒，竟命令手下把张鸿渔扭送到宪兵队里去，不问青红皂白给打了个半死，才送回到电车公司。

电车工人张鸿渔遭到伪宪兵的无端毒打，电业局得知这一消息后，不但不同情、不支持他，反而大骂张鸿渔，说他给电业局惹了麻烦、闯了大祸，并声称要开除他。

电车工人对此极为气愤，没到收车时间，工人们便提前收车回库，三百多人都聚到饭堂里，一致提出罢工抗议。

老曹接着对赵一曼说："中共满洲省委决定，积极支持工人的这一斗争，一定要为工人们争取自己的权利，以此反抗日本侵略者的压迫。为了严密组织、切实领导好这一次电车工人大罢工，我们必须连夜赶到电车公司，现在就要戒严了，我们马上出发！"

当晚，他们在电工学校的宿舍里召开了党团联席会议，研究部署了罢工的方案步骤。会上还通过了《告哈尔滨市民书》，向全市人民说明罢工的原因，呼吁各界人士对电车工人给予支持和帮助……

会议结束后回到住地，赵一曼悄悄地闩上门，然后揭开墙角处的几块土板，搬出油印机，就开始刻蜡纸。连夜赶印出了《告哈尔滨市民书》和许多传单。第二天天还没亮，她把几百张油印传单放在筐篮里，上边盖几件要洗的衣服，拎上就急匆匆地出门了。

1933 年 4 月 3 日早 5 时许，罢工工人召开群众大会，正式罢工了。两条铁轨在马路中间闪着白光，蜿蜒着伸向远方，这是哈尔滨市内的有轨电车道。往日，天一亮，“叮当”，“叮当”，电车就在大街上运送上班的乘客了，而这一天，每个车站上都站满了人，却没一辆电车开过来。赵一曼知道，电车工人真的行动起来了。

赵一曼把传单送到罢工委员会，就和工人一起上街宣传了。在大街的各个车站上，人们三个一堆，五个一群，正议论纷纷。“哗！——”在一个车站附近，从空中飞撒下一张张传单，大人孩子都抢着互相传阅，只见传单上写着：《告哈尔滨人民书》。这是电车工人的罢工宣言，宣言中鲜明地提出：“还我工友，惩办凶手！”

“发生了什么事？”一个戴眼镜的中年人问旁边的人。

赵一曼出现在他们面前，接上话茬儿说道：“你们不知道吗？昨天警备司令部的人坐车不但不买票，还行凶打人，把售票员打了个半死，为此事今天电车工人罢工了！”

远处有警察赶来，她又朝天撒一把传单，便迅速地消失在了人群中。

电车工人大罢工，严重影响了市内交通，市内秩序陷于一片混乱。这可吓坏了伪电业局局长，他把罢工委员会负责人找去，威胁说：“马上复工，否则把你们统统开除！”

“宪兵、警察打人你们不管，工人提出正当要求你们就要开除，这是什么道理？要复工可以，必须答应工人提出的五项条件。否则，罢工将继续下去！”罢工委员会负责人回答得理直气壮。同时，向宪兵队和电业局分别递交了复工五项要求：①给受伤者抚恤金50元；②撤换宪兵队长；③交出凶手由工人惩办；④赔偿受伤者的医药费；⑤电业局保证以后不再发生类似事件。

电车工人的斗争也激发了广大群众反日情绪。在这种情况下，电业局领导向工人道了歉，答应了工人的复工条件。4月5日电车工人复工。

坚持两天的电车工人罢工终于胜利了。

可是，电车工人复工不久，敌人就开始反扑了。电车公司开除了一批工人，警备司令部又逮捕了几位罢工骨干。满洲总工会机关也遭到了敌人的严重破坏，老曹在住所被敌人捕去。这一天，赵一曼正在外面执行任务，当她赶回住地，路过“喇嘛台”时，被省委交通员老李头截住了。

“小李，总工会出事了，老何让我来带你马上到他那里去!”

老李头，叫李升，方正县人，满洲省委年龄最大的交通员，七十多岁了，身板还很硬朗，神清气爽，细高个儿，留一把白胡子，但在人前却装得老态龙钟、弱不禁风。赵一曼听他召唤，从容地转身跟着他就走，在哈尔滨工作两年多，她已养成了临危不乱的习性。

老何，是满洲省委组织部长何成湘，他向赵一曼介绍了近几天来发生的情况：“省委出了叛徒，哈尔滨的党组织已遭到严重破坏，省总工会已被敌人抄了，老曹已被捕，我们正在积极想办法努力营救，你和老曹在一起，再公开活动十分困难。省委决定派你去珠河中心县任县委委员。你学过军事，以特派员的身份在抗日游击区开展工作。”

赵一曼仍由老李头护送着前往珠河县。临行，她得到不幸的消息，与她假扮夫妻共同战斗两年的老曹在狱中惨遭毒手，壮烈牺牲了。他们曾共同经营起的一个战斗的、温暖的“家”，忽然又被毁掉，她心里一阵阵酸楚，不由地潸然泪下。

革命者四海为家！赵一曼咬紧牙关，跟着老李头上路了。老李头先找到一个熟识人家，给赵一曼重新装扮一回，头上挽了髻，上身换上一件打了补丁的黑褂子，用旧包袱包上两副草药。

老李头手里提了根拐棍，带着赵一曼上了路，临行嘱咐她说：“路上你假装是个哑巴不要说话，遇到麻烦我来对付。”

通过出哈尔滨的香坊路口，果然有执勤伪军端着上刺刀的步枪上前拦阻：“上哪儿去？干什么的?”

老李头拄着拐棍，一步一哼地往前凑了凑：“我是高城子的，进城抓药……”

伪军用刺刀挑下赵一曼手中的包袱，贼溜溜的两眼反复打量她：“你是哪个屯子的?”

赵一曼张张嘴只“啊啊”了两声没说话，老李头急忙接下去说：“长官，我闺女是个哑巴，她是陪我来看病的。”说着又从怀里掏出了一张药方在伪军眼前晃了晃，“你看这方子，药都太贵，开了三副只买起两副啊……”

伪军低头把草药翻了翻，吆喝道：“去！去!”赵一曼捡起草药和包袱，赶紧跟老李头离开了站口。

走进青纱帐，老李头笑笑，看了一眼赵一曼：“这会儿咱们得快点赶路了。”他用拐棍儿挑起赵一曼手中的包袱，大步飞走。

赵一曼早知道这位省委的老交通是飞毛腿、铁脚板，心想，自己年轻，总不会被落下吧，她也暗暗摽上劲紧紧地跟随在老李头的身后。

即将到游击区真刀真枪地抗击日寇了，赵一曼觉得浑身有一股蕴蓄已久的力量等待释放，她走得很轻松，一口气跟老李头跑出二十多里地，也没被落下。老李头收住了脚步，高兴地看着她，目光中充满着赞许，喘了一口气说道：

“小李子，从哈尔滨出来能跟上我的人不多，闺女中你是头一个！打游击准行！”

赵一曼也喘着气说：“跟您老比还差远着呢！”嘴里这么说，待跟着老李头再迈开大步赶路时，她的脚步更快了。

赵一曼的心早已飞向了珠河。

珠河县（今尚志市），以地濒乌珠河而得此名。位于黑龙江省南部，张广才岭西麓。东界海林市，西邻阿城市，南与五常市接壤，北与延寿、方正、宾县相连接。珠河县是哈尔滨市东部山峦起伏、森林茂密的地区，是开展敌后游击战的好地方。1933年，先后担任中共满洲省委军委书记的赵尚志、李兆麟在这里组织起珠河游击队，活跃在石头河子、枝子屋、青龙宫，队伍扩大后，以珠河、方正、五常、延寿、宾县、苇河等地为游击区，打击日寇，在哈东一带的影响日益扩大。

1934年年初，珠河游击队与“青林”、“爱民”、“北来”、“七友”、“好友”等十多个义勇军首领，在铁道北的半截河举行联合军会议，会议通过了中共珠河中心县委提出的抗日救国号召，成立了东北反日联合军总司令部，推举赵尚志为总司令，决定在哈东地区向日伪军展开新的攻势。队伍很快打进宾州、五常城，攻陷了一批批敌伪据点，游击区发展到铁道北，并以候林乡为中心推进到珠河周围。

赵一曼就是在这时候来到了珠河。

最初，她在妇女会工作。不久，她被任命为珠河铁北地区区委书记。赵一曼一到这里，就和当地组织的同志们一起，积极发动和组织群众，支援赵尚志带领的抗日队伍的游击战。经她的努力，珠河地区的妇女会、农民会、儿童团先后建立起来了。她通过妇女会组织妇女为抗日战士做军鞋、军衣，为队伍征粮筹款。白天，她和妇女们纺线织布，烧火做饭，讲抗日救国的道理；晚上，她走村串户到老乡家进行发动，平时谁家的锅揭不开了，谁家的孩子生病了，她总是想办法帮助解决。

有一次村子东头的李大娘的小儿子不幸得了伤寒，高烧不退，家里无钱就医，李大娘抱上两只仅有的老母鸡要到城里去卖，又被两个伪军抢去了，看着奄奄一息的儿子，李大娘只能哭天抹泪。

赵一曼知道了这件事，和一个妇女会员连夜去外村请来了医生。她掏出两块银元放在李大娘手里：“大娘，这两块钱您就留着给孩子治病吧！”

李大娘手握两块银元，看着日夜奔忙的赵一曼瘦削的身躯和面庞，感动得说话都有些发颤：“瘦李，你真比俺亲闺女还亲哪！……”

"瘦李"是珠河一带的乡亲们对赵一曼亲切的称呼。在这里，不论是姑娘、媳妇和大娘都喜欢她，叫她"瘦李"、"李姐"。妇女们为了掩护赵一曼也纷纷姓起李来，"小李"、"大李"、"老李"、"黑李"、"胖李"、"小辫子李"……似乎她活动的地方不是侯林乡、亮珠河，而是李家堡子、李家窝棚。

一天拂晓，村外响起了断断续续的枪声，急切的敲门声把刚入睡的赵一曼惊醒了："瘦李！瘦李！"

是李大娘的声音！赵一曼打开门，李大娘闯进门上气不接下气地说："不好了，鬼子快要进村了！你快跑吧，从北面出村，还赶趟儿！"

赵一曼赶紧把文件塞到灶炕里，迅速撤出村外。这时，她想起一个人，这就是在村东头老乡家住的区委宣传部长周伯学。周伯学是个年轻人，眼睛近视，他若是黑灯瞎火地摸不出村怎么办？于是，她转身又跑回到小周的住处。可是，敲了半天门，屋内却没有一点动静。原来晚上小周到外村组织会议还没有回来。赵一曼赶紧再出村时，两个伪军发现了她：

"站住！干什么的？"

"东头老李家的！"赵一曼一身东北农妇装扮，但那难改的四川口音却给她惹了麻烦，两个伪军逼近她问：

"屯子里谁家藏了共产党？"

"不知道！"

"他妈的！"伪军挥手打她耳光，她一躲闪，巴掌正巧落在后脑勺上，假发髻从肩头滚落下来。

赵一曼被捕了，可急坏了村里的父老乡亲，他们赶紧报信给党组织。幸好，这天伪军把她暂时押在队部，没送到县城。反日联合军紧急行动捉了一个伪团总，及时一对一地把赵一曼换了回来。

两天后，“瘦李”又在屯子里出现了，李大娘和老乡们都来探望她。望着村子里被扫荡后的残破景象，看着那烈火烧余的颓垣断壁，赵一曼心如刀绞，她说：“以后我们不能再赤手空拳只等着挨打了，我们要武装起来，拿起刀枪保卫自己，抗日救国!”

村里的小伙子都说好，立时要求赵一曼发枪成立自卫队。

赵一曼笑了：“我没有枪，枪在敌人那里，咱们要想办法从敌人手里来夺枪!”

在帽儿山车站的公路线上，设有一些伪军哨所，是我游击区开展抗日活动的障碍，端掉这些哨所是抗日斗争的当务之急，又可以趁此从伪军手里夺枪。赵一曼精心策划了一次端伪军哨所的行动。

一天夜里，赵一曼率领上一个五人行动小组出发了。赵一曼让一个同志带把砍刀和一个灌上水、打上气的皮球在前面当先锋，自己和另外三名同志骑马随后接应。每到一个哨所，敌哨兵若没发觉，就砍掉他，五个人一齐动手，乘伪军熟睡进哨所缴枪、割电话线、抓俘虏。若是敌人发现了，前头同志就假装拉肚子，一按皮球发出“噼噼啦啦”很像拉肚子的声音，待伪军哨兵麻痹了或转过身时，再一跃而起砍掉他，就这样，一夜之间，他们端掉了伪军设在公路边的几个哨所，缴获了一批武器弹药。

珠河中心县委也从伪军那里缴获到了十几支短枪和大批子弹，苦于敌人盘查严密一时难以运出。赵一曼和女战士小沙主动请缨要转运这批武器。她们赶着粪车进城，在接头地点领到武器后，用油布、油纸小心地包装起来，再放到粪车底下，直接向城门赶去。车到哨卡，鬼子嫌臭捂着鼻子躲得远远的，专管搜查的伪军也一个劲儿地催喊："快走！快走！"车老板猛挥几鞭，粪车安全出了城。

从此，铁北地区的自卫队枪也有了，子弹也有了，赵一曼亲自操练，自卫队很快就活跃起来。一次，自卫队正在树林里接受训练，交通员急冲冲来报告说："有一队日本兵从珠河出发了，经过关门嘴要到左撇子沟去。"

"有多少人？"赵一曼问。

"一个中队，大概有二十多人吧！"

"好！"赵一曼右拳在左拳上一砸，"大家马上做好战斗准备，这回咱们自卫队该开开荤了！"

赵一曼决定打一个伏击战，消灭这一小股鬼子。她率队伍迅速赶到关门嘴的山坡上埋伏起来。

关门嘴是敌人必经的险要去处。赵一曼和小分队的战士在树丛和乱石中埋伏不久，日本鬼子就在大路上出现了。一个挎洋刀的鬼子军官昂首腆肚地骑在马上不住地东张西望着，一队日本兵紧跟在后面大摇大摆地走着。

敌人渐渐走近，树丛中的自卫队员虽是第一次参战，却都精神饱满、严阵以待，等候着赵一曼的命令。赵一曼悄悄对身边的一个队员说："告诉大家，枪口一定要先对准前头那个挎洋刀的集中火力射击，我一喊打，你们就马上开枪！"

自卫队员们一个接一个把话儿传下去。

"打！"赵一曼举起手枪一声令下，所有的火器都响了，"啊——"日本军官一声惨叫，一头从马上栽下来，那马也被惊得狂奔乱跳。几个鬼子也应声倒地，活着的也都东窜西逃。

"冲啊！"赵一曼手枪一挥又传下命令，自卫队员们一个个腾跃而起，宛如离弦之箭向敌人猛扑过去。一场伏击战，消灭了一个鬼子军官，二十多个鬼子兵，自卫队大获全胜。赵一曼把手枪掖在腰间束着的皮带里，带着队伍凯旋而归，这时的她显得格外的威武；自卫队员们扛着刚缴来的大盖枪，也一个个乐得合不上嘴。

自卫队伏击日寇胜利的消息，长了翅膀似的传遍了珠河的村村屯屯。许多青年闻讯赶来参加，而游击队长"瘦李"的大名也越传越远，先是在珠河根据地，后在整个哈东游击区，都传说着赵一曼红衣白马双枪英勇杀敌的故事，群众都称赞她是"英姿飒爽，目光炯炯，身披大衣，腰系皮带，手执匣枪，威严如铁……文武双全的女指挥。"

这一年，赵尚志率领的东北反日联合军改编为东北人民革命军第三军，更频繁地在珠河地区与日寇周旋。一次，第三军第三团在候林乡活动，突然被敌人两个团的兵力围困，激战了一天一夜，我方连续击退了敌人的多次进攻，可是敌人援军不断，又配有迫击炮、重机枪，从南侧频频发起进攻。战斗对我方十分不利，三团准备夜里从北侧突围出去。

这时，敌人后方突然响起了枪声。赵一曼得知三团被围便率领自卫队和群众杀过来了，她探知了敌人指挥部的方位，对自卫队员们说："擒贼先擒王！咱们去打他们的指挥部，为三团解围！"在她的指挥下，队伍直奔敌人的指挥部，打得突然，打得集中，加之喊杀声震天撼地，敌人不知道又杀来了多少抗日队伍，狼狈逃窜。三团之围被解了，我军俘虏了一批敌伤员，自卫队又缴获了一批武器。

关门嘴伏击、候林乡突袭，赵一曼英勇善战，指挥有方，震动了日伪当局，她被说成是"手持双枪，红装白马猖獗于哈东地区"的"密林之王"、"女匪首"……敌人也到处张贴布告悬赏捉拿她。

而在珠河地区老乡眼里，赵一曼已是一位颇有传奇色彩的女豪杰。她头戴兔毛皮帽子，身穿短皮大衣，斜背着一支匣子枪，脚登一双乌拉鞋，虽然眉目间尚存几分南方女性的清秀，更多的却是饱经斗争的成熟与威武。

珠河的老乡们没有想到，就在赵一曼带着自卫队冲杀在抗日疆场时，她的身体却被疾病折磨得一天天虚弱了。

1934 年秋，日寇大举"讨伐"珠河游击区，赵一曼一边组织群众防范，一边带着自卫队四处转战，没日没夜，面容一天天憔悴，她又一次吐血。她知道肺病又犯了，恰在这时，脖子上又长了一个疮，疼得抬不起头来。她被送进东北人民革命军第三军的流动医院治疗。

这个医院收了十几名伤病员，却只有一个医生和一个助手。赵一曼这个闲不住的人，进了医院就帮助院长做起政治工作和护理工作，还给伤员缝补、浆洗衣服，煮饭、做菜。

一次，敌人突然来“围剿”，二道河子危在旦夕，医院必须从这里转移。是去四方顶子，还是去鸡爪顶子？院长一时拿不定主意。他想去四方顶子，那里离敌人远，不易被发现，赵一曼却对他说：“去鸡爪顶子吧，这里虽离乌吉密车站近，但敌人刚搜查过，比较安全。”院长觉得她的主意好，医院转移到鸡爪顶子庙里。到了鸡爪顶子，就听到消息说：敌人已向四方顶子进发，准备围山搜查一周。院长松了口气。赵一曼还帮助院长动员当地道士为伤病员准备食品，度过了一周。这时，赵一曼又向院长提议向四方顶子转移，果然又很安全。

又有一次，由于叛徒吴某告密，敌人着重搜索我后方医院所在地四方顶子和苇塘沟一带。当时，赵一曼不幸被敌人捕去。在拘押期间，赵一曼有效地对伪军连长进行抗日宣传，她说：“你做事要想着你是中国人，在战场上我们兵戎相见，但你不能杀害手无寸铁的中国同胞。你杀我可以，但我绝不死在日本人手里。”伪军连长听罢其大义凛然的话语，深受感动，启发了他的民族觉悟，最后将赵一曼悄悄地释放了。

就在这时，传下命令来：调赵一曼速回战斗部队。

正所谓：乔装改扮入虎穴，东奔西忙唤农工；英勇善战震敌胆，出生入死传美名！

英武神威女政委

一

日本侵略者对日益扩大的游击区深为忧虑，尤其是进入1935年以来，东北人民武装抗日部队在中共满洲省委领导下，已整编成东北人民革命军第一军、第二军、第三军、第四军、第五军，分别由抗日名将杨靖宇、王德泰、赵尚志、李延禄、周保中任军长，转战于南满、东满、哈东、北满等地区，这些队伍的壮大，令日伪当局惶恐不安。于是，1935年日军又纠集大批伪军“讨伐”游击区，推行灭绝人性的“三光”政策，在珠河地区活跃的东北人民革命军第三军在赵尚志率领下开始向东远征，留下王惠同带领二团在铁道北、三团在铁道南活动，牵制敌人，配合东征。

1935 年秋天，赵一曼也奉命带领珠河自卫部队同二团并肩战斗，她以道北区委书记身份担任了二团政治委员。

面对日伪军凶狠的“大讨伐”，为了避其锋锐，保持实力，东北人民革命军的部队暂时转入深山老林。

北国的十月，已是天寒地冻，草木凋零。霜降刚过，乌吉密河两岸就飘下了大雪，严寒袭击着广袤的黑土地。山野被大雪覆盖了。森林由绿转黄，林子里平时到处乱窜的野猪、狍子、黑熊也躲进了树洞。莽莽苍苍的森林中仍在活动的，只有抗日联军的战士们。

王惠同和赵一曼率领的第二团，活动在珠河黑龙宫、秋安屯、关门嘴子一带。那时候抗日根据地建设还没有经验，没有设政权机关，也不会征粮征税。抗联需要钱粮，完全靠“打土豪”与“吃大户”。钻进深山老林后，日寇加紧了对山区抗联的封锁，隔断了军民联系，使抗联得不到粮食与冬装供应，生活非常艰苦。

没有棉衣，战士有的围一件熊皮，有的披着兔皮、猫皮连缀的大衣。裤脚撕碎了，就裹上树皮，再捆几道草绳。转移进山时带的粮食已经吃得所剩无几，战士们就四处打猎，打野猪、狍子、兔子，打回来，架在火上烧烤。打不到野兽时，有的人就把脚上的乌拉靴底煮了吃。除了指挥部以外再没有几顶帐篷了，行军到哪里，都是篝火露营。

在一次袭击日寇的战斗结束后，小通讯员送给赵一曼一只粗瓷大碗。因为赵一曼早就把一个有柄的洋瓷缸送给了新战士。开饭时，通讯员用这大碗给赵一曼盛了满满一大碗高粱米饭，他心想："这下子我们的政委可该吃上一顿饱饭了。"艰苦抗日的抗联部队，多少个月来，都是吃野菜、嚼草根，甚至摘橡树子压成面来充饥。他们虽然手边还有些乡亲们冒着危险从山下背上来的粮食，但这得留给重伤病员吃。团长、政委和战士一样，也是嘴边几个月没有沾过粮食了。赵一曼看着这一满碗的高粱米饭，不禁为英雄战士的艰苦精神和阶级友爱感动了。趁人不注意的时候，赵一曼端着碗悄悄地把饭又倒在锅里，自己亲手盛起半碗野菜粥。炊事员老李看到后，没有吭声，可是两只老眼涌满了泪花……第二天开饭时，赵一曼又没碗了，急得小通讯员直叫："我说我的政委同志呀！给你一百个碗也架不住你这么'丢'呀！"赵一曼笑着低声说："可不见得，革命的饭碗一辈子也丢不了！"后来，这只粗瓷大饭碗成了战士们的菜盆了（赵一曼生前用过的这只粗瓷大碗现陈列在中国军事博物馆，为国家一级文物，是我军历史上最珍贵的文物之一）。

北方森林里，冬天的早晚温差特别大。白天阳光从树隙里泄下，在林间稍稍暖和一些，到了晚上，气温陡降，奇寒无比。抗联战士们就想出个"颠倒黑白"的办法来对付。白天趁天气稍暖，留下哨兵站岗，其余人睡下休息。到了晚上，在林间空地，燃起一堆堆的篝火，同志们围着篝火，边取暖边说话儿边做多种活动。篝火燃烧得毕毕剥剥，红光照脸，战士们一个个精神抖擞起来，有说有笑，激动地齐声唱起抒发革命豪情的歌曲来："铁岭绝岩，林木丛生，暴雨狂风，荒原水畔战马鸣。围火齐团结，普照满天红，同志们，锐志哪怕松江晚浪生；逐日寇，复东北，天破晓，光华万丈涌！朔风怒吼，大雪飞扬，征马踟蹰，冷气侵人夜难眠。火烤胸前暖，风吹背后寒。壮士们，精诚奋发横扫嫩江原！伟志令，何能消灭！全民族，各阶级，团结起，夺回我河山！”

这一首《露营之歌》，唱出了当时抗联战士环境的恶劣、战斗的艰苦和真挚的感情。在那些饥寒交迫的日子里，赵一曼作为团政委总是和战士们生活在一起。战士病了，她带卫生员去送药、慰问……更多的时候是在战斗的间隙里给战士们绘声绘色地讲各种各样的故事和世界上已经发生或正在发生的新闻趣事。

多年来，她读过不少书，也曾走南闯北“游洋”到过莫斯科，看过、听过的东西太多了，她给战士们讲的不仅有穆桂英挂帅、岳飞梁红玉抗金兵、列宁领导俄国人民推翻沙皇，还有《国际歌》的作者是怎么写出这首歌的，全世界无产者为什么要团结起来互相支援反对帝国主义……有时候，交通员给送东西时，有包在外面的伪《大北新报》、《哈尔滨日报》。赵一曼总是能从那些敌伪的报道中准确地分析出国内外的形势、抗日救亡运动的进展，再讲给战士们听。

1935 年 10 月，中央红军经过二万五千里长征胜利地到达了陕北。新的党中央到达陕北后即决定在全国建立抗日民族统一战线，迎接抗日救亡高潮的到来。中共满洲省委也根据党中央的指示，将东北人民革命军、反日同盟军等抗日武装改编成东北抗日联军……在深山密林中，赵一曼虽然还没能及时地得到党中央和满洲省委传下的新的文件和指示，她却能从敌伪报纸上及时地破译出中央红军到达陕北的消息，她对战士们说：“同志们，咱们东北抗联有了坚强后盾了，中央红军北上抗日已经到达陕北了！……”在恶劣环境中转战的抗联战士听了赵一曼的话，大家眼睛里燃起了希望之光，精神马上振奋起来，斗志也愈发高昂了。

为了迷惑敌人，二团在密林里经常转移营地。凛冽的寒风扑打着战士们，许多人脸上和手脚都冻得红肿开裂了，一条条口子里，凝结着紫痕，但人们一看到赵一曼手握盒子枪走在前面，心里就像燃起一团团烈火，精神马上抖擞了起来，行军时脚下也格外地有劲、轻快！

二

严冬的北大荒，阴霾满天，凛冽的寒风在峡谷里呼啸，飞扬的雹粒子雪被狂风卷起，如子弹般打在人们的身上、脸上。可赵一曼面对艰苦和寒冷一点儿也不畏惧，硬是拉着队伍在沟里操练：练打靶，练拼刺刀，练爬岭……练得这伙人是行走如飞，百步穿杨！她一次次对战士们讲：“日本鬼子兵强马壮，咱们要没有过硬的身手，咋能与他们比拼？抗日既要有胆量，更要有好的、过硬的身手才行啊！”

部队要有战斗力，还要有给养。二团这几百号人的队伍，不仅需要不断地补充粮食、服装、医药，要想打一场硬仗，还必须要有充足的武器弹药。这使得赵一曼和王惠同不约而同地想到，在密林中扎营后，还要抓住时机带领部队出击，扩大抗日武装影响，补充队伍给养。

这时，黑龙宫的自卫队员来报告，黑龙宫大地主“刘百亩”，投靠日本鬼子甘当汉奸，把鬼子兵迎到乡里，抢粮抢物、奸淫烧杀。赵一曼和大家商量：“咱们给他来个杀一儆百，镇镇这帮卖身投靠的败类，怎么样？”

“你就发令吧！大家早就憋足劲了！”一时群情振奋，摩拳擦掌。

一个月淡星稀的夜晚，夜袭队伍出发了，战士们一个个如雪地上的“神行太保”在赵一曼带领下，很快就潜入到黑龙宫。当地的自卫队员带路，尖兵悄悄逼近刘家大院，神不知鬼不觉地把荷枪守卫的门岗解决了！一个信号传示，二团小分队的战士呼地围定了院子，闯进了为虎作伥的“刘百亩”的家里，把他干掉了。趁天还没亮，大获全胜的队伍，拉了几大车的粮食、棉衣、棉被送往部队。

不久，赵一曼、王惠同又接到乔家崴子村民报告：村公所和伪兵们，仗着日本鬼子撑腰，横征暴敛，鱼肉乡里。村里有反满抗日言谈或与抗联有些联系的人，无不被抓、被关、被打。

“看来，这帮狗腿子也该好好教训教训了！……”赵政委很快派了一支小分队，星夜驰行，直指乔家崴子村公所，伪军们还没有回过神儿来，村公所就被一锅端了。一场速决战，消灭了十几个伪军，端了一个据点，二团战士缴获了一批枪支弹药，又潜回到了密林之中。

几场速决战后，方圆百里的乡亲百姓都纷纷传扬：抗联“红装白马‘瘦李’”政委的队伍为民除害了！伪军、伪保长们吓得缩头缩脚，不敢单独行动。不少乡亲受到鼓舞，积极参加到抗日行动中来。帽儿山、林河、小九、金沙湾，甚至远在阿城的自卫队也来到珠河找“瘦李”政委的队伍，纷纷要求参加“瘦李”政委的抗联队伍。

不久，一份交通员传来的火急情报，让赵一曼颇费思量。情报是：抗日联军赵尚志、张寿篯（李兆麟）部在三岔河遭到日伪军合围，珠河日伪驻军已出动增援合围的日军。

赵一曼清楚，赵尚志、张寿篯所率抗联主力部队面对多股伪军的包抄，形势十分危急，应该驰援。

但从二团基地到三岔河要长途跋涉才能到达，而战斗形势也将会发生变化，不如主动出兵拦截珠河的日伪增援部队，打他个措手不及。

于是，赵一曼和王惠同紧急动员二团指战员急行军埋伏在珠河口伪军北进的要道两旁，撒好了网，张开了口袋。

要赶到三岔河参加合围的日伪军果然出现了，小股伪军开道，紧接着是日本鬼子的马队，膏药旗后，日本鬼子在呼哧带喘地向前赶路，足足有一个排！

“打！——”赵一曼握着驳壳枪的手一挥，伏击队伍中长枪、短枪一齐响起，日本鬼子的膏药旗应声倒下，几匹战马上的鬼子兵从马上跌落，日伪兵们顿时慌乱起来，一个骑在马上的鬼子军官抽出战刀叽里呱啦地喊叫着，驱赶想要后退的伪军，伪军们这才回过头端起步枪，战战栗栗向前迈进……

“瞄准那个拿战刀的，打！”赵一曼又一次传令，在又一轮枪声中，鬼子军官一个倒栽葱摔落马下。指挥员既失，日伪军顿失乱了阵脚，被安排在队前当炮灰的伪军最先向来路退去，日本鬼子们叽里呱啦又要拦阻又欲反击，正是难成阵势。

“冲啊——”“瘦李”政委看准了火候，再一次大喊一声，抗联战士群起响应，“杀！——”从树丛里，从乱石堆后纷纷跃出，冲向敌群，刀光闪闪，杀声阵阵，扔出的手榴弹已先在鬼子兵中炸响，霎时间鬼子们血肉横飞。

没等鬼子兵喘过气来，抗联战士们已挥刀砍向了敌群。伪兵们在抗联战士“缴枪不杀”的喊声中纷纷放下武器屁滚尿流、四处逃命；乱了营的鬼子兵无心恋战，有的退向珠河，也有负隅顽抗的，一个个被抗联战士消灭……

一场伏击，二团勇士消灭掉三十多个日伪军，成功地阻挡了珠河敌人对赵尚志、张寿篯所部抗联主力的合围。

当赵一曼、王惠同带领着部队向回撤离时，得到交通员的飞报：由于珠河的日伪军被阻击，赵尚志、张寿篯所部抗联第三军在反击突围战中，消灭日伪军百余人后，已完成转移。

赵一曼和王惠同带领的抗联第三军第二团像一把锋利的尖刀直插在敌人的心脏，给日本鬼子致命的一击。受到威胁的日伪军当局怎肯坐视，又集中兵力来“讨伐”、“扫荡”，集屯并村，抢掠烧杀。他们知道活跃在珠河的这支抗日部队里有一个女指挥员，就四处张贴布告一次次悬赏捉拿赵一曼。

三

1935年11月，赵一曼和王惠同带领的二团来到了珠河左撇子沟。

在日伪军的“讨伐”下，哈东地区已沦为火海，沟沟起火，村村遭劫。当赵一曼带领部队进入到左撇子沟时，这里已经只剩下一片瓦砾，没有一间完整的房屋。这里曾是地下党活动的根据地之一，有很好的群众基础，妇女会、农民会都很活跃。触景生情，赵一曼想起刚刚到这儿工作的情形，心头上涌起一股悲凉。

“这里已经没有群众做掩护，不能久留！”赵一曼提醒团长说。

“撤！”王惠同说，“马上撤到山里去！”

这天晚上，赵一曼和王惠同带领着部队，露宿在左撇子沟白雪茫茫的山林中。他们在一个避风的地方，点起了五六堆篝火。

坐在一块大青石上，赵一曼和王惠同摊开军用地图，借着篝火的红光，研究全团下一步的行军路线。

“根据赵尚志军长的部署，天亮以后，我们就应该向延寿县转移了。”王惠同在地图上把路线勾画了一下。

赵一曼不住地点头，忽然沉思起来：“可是眼下的这些重伤员怎么办？”

“能走的走，不能走的抬！”

“也只能这样了，”赵一曼同意，“我们绝不能让这些同志丢下一个！”

部署完毕，天色已接近黎明。赵一曼倚在树上刚想眯一会儿，“啪！——啪”山林远处传来清晰的枪声，火堆旁的战士们都迅速地握枪站起，王惠同已把匣枪握在手中，他镇定地高喊：“准备战斗，抢占山头！”

但冲向山头时，迎面却飞来山炮炮弹和雨点般密集的重机枪扫射。他们已经被包围了。

日伪珠河县“讨伐队”六百多人，一直在寻找抗联队伍。他们从左撇子沟一直跟到山里，这时已占领了周围的大小山头，分两路向二团包抄过来。

“打！”王惠同两眼喷火，这位行伍出身的团长很快组织起有力的反击，一颗颗仇恨的子弹射向敌群，顿时，阵地前倒下一大片敌人的尸体……

整整一天，王惠同率领战士打退了敌人六次进攻。二团的伤员也越来越多，弹药也越来越少了。

天渐渐黑下来，日伪军在四处点起堆堆篝火，在火光中缩小着包围圈。

赵一曼侧卧在一块石头后面，仔细观察着敌人的行动，她对王团长说：“看来形势很危险，咱们的部队要想法赶快突围出去！”

“对！马上突围！”王惠同肯定地回答。

“我来掩护，”赵一曼提议，“给我留下一个班，你赶快带队伍从敌人兵力薄弱的西北方向杀出去……”

“不行！”王惠同态度十分坚决，“你是妇女，不能让你留下来!”

赵一曼也火了:“你只记得我是妇女,却忘记了我是你的政委!别再争了,把全团安全带出去要紧!”

想到全团战士身处危境,王惠同不争了,他又扔给赵一曼两夹匣枪子弹:“好吧,我们突围出去,就从外边夹击敌人,你赶快带队伍到帽儿山会合!”

“好的!抓紧时间快撤吧!”

王惠同带着部队向西北的山林隐去。但没多久,就被鬼子的尖兵发现了,密集的枪声在西北方向响起来。

留在阵地上的赵一曼担心起来,如果敌人去追二团主力,突围计划就要泡汤。她果断地命令机枪手:“打!”她要用火力来牵制敌人。

机枪响起来了,机枪手向敌人猛打一阵,一股股敌人掉转枪口向赵一曼他们的阵地反扑过来。机枪、山炮,都射过来,打得山岩崩裂,石块纷飞,山林震颤。枪声刚弱下来,鬼子兵就哇啦哇啦地冲过来了。

赵一曼一颗手榴弹扔过去,在几个鬼子中间炸开了花。

十几个战士一齐开火,又一批敌人在阵地前倒下了。而后面的敌人发疯似的在机枪的掩护下向前涌来……

任凭子弹在耳边呼啸,炮弹在身边炸响,赵一曼带领一个班的战士同几十倍的敌人进行着生死的较量。一个回合过去,阵地前堆满了敌人的尸体,而她身边的战士也一个接一个地倒在了血泊里。机枪子弹已经打光,机枪手拿起身边一个刚刚牺牲的战友的三八大盖在反击敌人。

赵一曼掐算着时间，西北方向的枪声已经渐渐弱下去了，她暗自估计着王惠同如果顺利的话，已将部队带出了重围，她想把阵地上坚持战斗的几名战士组织起来从山沟撤走。

就在这时，另一股鬼子从侧面迂回上来了。赵一曼正想指挥战士迎战，突然一颗子弹呼啸而来，她感到左肩头一热，凭经验她知道自己负伤了。她没去管它，却拉响了最后一颗手榴弹投向狂叫着冲上来的敌人，随后，她纵身一跃顺着山沟向沟底滚去……

不知是因为肩头受伤流血过多，还是滚下山沟时摔得过重，赵一曼昏死了过去。待她醒过来，只觉得肩头揪心地痛。天上没有月亮，沟底黑洞洞的，伸手不见五指。

团长他们安全突围没有？赵一曼担心地想。她试着摸黑向前爬了几步，仰头看看星位，辨别了一下方向。

近处有响动，赵一曼警惕地握住匣枪观察。

那人似乎也发现了赵一曼，躲到了树丛后面。

对峙了一会儿，躲在树丛后的人又开始行动了，不像是搜山的鬼子。

“谁？”赵一曼厉声问。

“是政委吗？我是老于啊！”

果然是战士老于，他也是从山上滚落沟底的。他奔向赵一曼，知道政委负伤了，便给包扎起来，然后扶着她一起去找通向帽儿山的小路。

老于就是左撇子沟人，对这一带山林的地貌地形都很熟悉，他扶着赵一曼向前摸索。天快亮时，在帽儿山附近的一个山沟里遇到了妇女队员，才 16 岁的杨桂兰。小杨一见赵一曼就扑到她怀里哭起来：

“政委，我们的队伍被打散了！……”

从小杨口中得知，王惠同带部队突围失败了！赵一曼又难过又焦灼，王惠同在哪里呢？被打散的二团战士们又在哪里呢？仗着手中已有两支枪，赵一曼和老于、小杨向约定的会合地点帽儿山靠拢。

路过春秋岭附近的一个山头，他们意外地发现了半山坡上两间小土屋，这种土坯垒起的土屋一般是放羊人过夜的，并没人住，却可以休息。赵一曼向房门走去，忽然从墙角转出一个人来：“你是瘦李子吧？”

赵一曼吃惊地握紧手枪转过头时，却见一个满脸大胡子的“怪人”。仔细看时，赵一曼认出来了，是周桂沟的基本群众老张头：“你怎么跑到这儿来了？”

原来，老张头一家人都被鬼子“讨伐”时杀害了，房子也被烧成了灰烬。他无家可归，决定来找抗联，已在这小屋住了几天了。他在地上铺了秫秸，让赵一曼、老于、小杨躺下休息，自己要给这三个人弄点吃的。

就在三个既疲惫又困乏的人沉沉入睡时，老张头已做好了一锅面汤端了上来。这是老张头用藏在外面地洞里仅有的一点肉做的，没有碗，他就用唯一的一个罐头盒盛上面汤让他们三个人轮流吃。

没有盐的疙瘩汤，他们都吃得挺香。他们已经几天没吃上饭了。

老张头见到了抗联的同志一高兴，给大家做了面汤，可他没有想到，这下惹了大祸：在山里，只要有地方冒烟，就等于在报告：这里有人！因而，当赵一曼和老于、小杨吃过疙瘩汤，刚想撤离时，门外已响起了枪声，随即传来喊话声：

“赶快投降吧，你们已经被包围了！”

赵一曼探头一看，是二十多个伪军在一个军官驱使下正向小屋包抄过来。已不容再多想，赵一曼抡起匣枪就开始射向敌人，老于也操起步枪投入战斗。

“老于、小杨，”赵一曼边打边观察地形，“我们要设法赶快撤走，他们人多势众！”

“对，冲！”老于立刻往外跳，一出门就被伪军打倒了，敌人嚎叫着冲过来。赵一曼急红了眼，跟着跳出门去，可是一排子弹向她扫来，她只觉得大腿和左手腕一阵发麻，晃了一下，便一头扎在雪地上失去了知觉……

正所谓：山深林密常小憩，天寒地冻鏖战急；秣马厉兵显神威，驰骋疆场建勋绩！

酷刑摧残志愈坚

一

1935年11月22日，在春秋岭附近负伤昏迷过去的赵一曼被伪军俘虏了。

赵一曼被伪军用牛车押往珠河县城。颠簸的山路把她震醒，她艰难地用力睁开双眼看看车上，小杨坐在前面，搂着她的头。在她身边还有几个被捆绑着的抗联战士。牛车旁是二十几个全副武装的伪军“讨伐”队员。

赵一曼躺在车上，牛车在山路上每一次颠簸，都使她感到撕心裂肺地疼。她的右腿被敌人的子弹射中，露出了骨头，血水渗到棉裤外面，染得一片红。她的肩头和左腕受伤处，血水也染红了棉袄。小杨怕她经不住颠簸，每遇沟坎就把她搂得更紧些。

赵一曼被押到珠河县公署警务科。“讨伐队”这次俘虏了几名抗联伤员惊动了伪滨江省警务厅。警务厅特务科外事股长大野泰治专程从哈尔滨赶来了。“讨伐队”队长张福兴将赵一曼等几名抗联战士交给伪珠河县警察指导官远间重太郎请赏。远间立即将赵一曼交给了大野泰治。

大野泰治见赵一曼浑身是伤，下身被血染红，手腕仍在流血，就急于在她因重伤而缺乏控制力的时间审讯。远间重太郎也对大野泰治说：“这个女人失血过多，看来活不了多久，趁早拷问她一下，也许能抠出点情报来！”

大野泰治把赵一曼和小杨带到马粮棚子的一隅开始审讯。凭经验，他要给被审讯的人一个“下马威”，走到赵一曼跟前先大叫一声：“喂！”

赵一曼没有惶恐，而是镇定地抬起头瞪了大野泰治一眼，那炯炯目光像子弹一样射出来。

大野泰治审赵一曼，赵一曼编造些假经历回答他，并瞪着双眼反问：“你是日本人，日本人到中国来干什么？”

面对赵一曼傲然不可侵犯的神态，大野泰治感到是抓到了一个共产党的女将领、高级干部，心中暗喜，他便想讯问共产党组织的情况。但赵一曼却只讲自己是“担负抗日救国会妇女工作的”，不吐露一丝党的秘密。

急于求功的大野泰治兽性大发，他用木棍狠劲捅赵一曼身上的伤口，赵一曼疼痛得全身打战。

“你讲不讲？不讲我就给你上刑！”大野威胁说，随即挥起鞭子猛抽赵一曼的后背。

赵一曼眼里燃起怒火，咬着牙喊：“你杀了我吧！我要和你们这些日本鬼子战斗到最后一口气！”

赵一曼在大野的拷打下，因为失血过多再一次昏厥过去。大野让打手把赵一曼和小杨关进阴冷、潮湿的地牢里。为了从赵一曼口中掏出有关抗联的情况来，他让一位中国大夫负责保住她的生命。

被送进地牢的小杨看着赵一曼奄奄一息的样子，吓得直哭，不知该怎么办好。赵一曼被她哭醒了，艰难地抬起手替这个小妹妹擦干眼泪，随即深情地劝说道：“别哭！咱们得赶紧想对策，你年龄小，要一口咬定是找来伺候我的，这样你才会出去的！”

“可是你……”小杨仍呜呜地哭着。

“不要紧，我能挺过去！”

大野泰治连夜又拷问了二十多个在押的人，才初步弄清了赵一曼是珠河中心县委委员，“妇女运动指导者”，感到了赵一曼的重要。于是，他连续几天对赵一曼进行审讯，问到经历，赵一曼仍旧编造一些假情况与之周旋，而当大野泰治问抗联的部署与行动时，赵一曼的回答只有斩钉截铁的三个字：“不知道！”

即使这样，日伪当局还是把俘获了赵一曼当成这次“讨伐”行动的重大胜利加以宣传，《满洲日日新闻》上连发了两则消息：“赵匪溃逃中在空房里养伤。捕赵一曼、王惠堂”；“骑上白马的红装美女，失掉丈夫投身于反满抗日运动，为了工作狂奔于密林”。

赵一曼这时还不知道，在左撇子沟突围失利后，团长王惠同也受伤被俘了，敌人把王惠同误为“王惠堂”向外界披露。她同牢的小杨，在被审讯时，一口咬定是赵一曼雇来伺候她的，鬼子看她年纪很小，关押几天也就放出去了。只剩赵一曼自己被单独关在一间地牢里，她的伤疼得更厉害了，腿伤已化脓，发高烧，昏迷，连日饭水不进。但鬼子为了从她口中掏出情况来，还一次次提审她。

这一天，牢门打开了，几个伪警察把她拖到监牢外的院子里。雪后初晴，阳光刺眼，赵一曼感到一阵眩晕、恶心。猛然，她听到一阵剧烈的咳嗽声和当啷啷的脚镣声混杂在一起传过来。她抬头一看，大吃一惊：啊，王惠同！几天不见，王惠同被戴上全套刑具从另一个门里押了出来，他的衣服已被撕破，脸上身上处处伤痕。

两个人对看了一下，谁也没喊谁的名字，因为都还不知道敌人是不是已经掌握了他们的真实名字和身份，千言万语融在目光的交流之中。日本鬼子要干什么？

赵一曼和王惠同被拉到珠河县城小北门外的一个广场上。日本兵在广场四周持枪而立，枪上的刺刀闪着寒光。在广场的中间放了一张桌子，上面摆着在左撇子沟被二团击毙的一个日军大佐的灵牌。赵一曼一看就明白了：这是要拿他们两个人的生命来“祭灵”啊！

两个鬼子兵把他们推到一个刚刚挖出的土坑前，一个挎军刀的鬼子军官用生硬的中国话对他们狂叫："快说！给你们最后三分钟，大部队到哪里去了？"

赵一曼和王惠同两双眼睛同时瞪着他，谁也不开口。

鬼子军官数着："一……二……说！不说死了死了的有！"

"可笑！"赵一曼终于开口了，从牙缝里挤出的是极度的轻蔑。鬼子军官愣了一下，马上意识到被嘲弄了，他向后退了几步，对两个举枪等待射击的刽子手一挥手："开枪！"

最后的时刻到了，赵一曼和王惠同几乎同时高喊：

"打倒日本帝国主义！"

"中国共产党万岁！"

"砰！"一声沉重的枪响，王惠同倒在了新挖的土坑里。赵一曼闭上双眼静等着。

"砰！"又一声枪响，子弹呼啸着从赵一曼的耳边飞了过去。

她心里默念："团长，慢点走，我跟上来了！"

然而，刑场上再没有枪声响起。鬼子是让赵一曼陪绑的，要用恫吓来撬开她的嘴。

当鬼子将赵一曼带回县公署警务科继续审讯时，赵一曼抱定必死的决心，任他们百般拷问，却一言不答。

大野泰治虽然在审讯赵一曼时没获得什么东西，却仍写了一份厚厚的报告书，呈报给伪滨江省警务厅、哈尔滨市日本宪兵队和珠河驻屯日本军管辖二十四县参事官、指导官。

大野泰治在报告中写道：

"赵一曼，1935 年春由中共中央派往北满组织抗日。同年夏在哈尔滨，丈夫赵志明被日宪抓住杀了。其后她下乡，成立珠河县委会，以赵尚志为中心，组织几万农民反满抗日。她是核心人物……如不尽快肃清，珠河县委组织必在珠河县蓬勃发展……”

这份报告引起了日伪当局的重视。当时，抗日联军在哈尔滨东部山地的抗日游击区不断扩大，严重威胁着哈尔滨。日伪当局为应付四处出击的抗联队伍而焦头烂额，惶惶不可终日。而今大野泰治抓到一个哈东地区共产党的“核心人物”，怎能不让他们备加关注呢？伪滨江警务厅下达紧急命令，要求速将赵一曼押解到哈尔滨审问。

他们打好了如意算盘：赵一曼是个女人，女人是脆弱的，很容易被攻破。只要攻破了赵一曼，就可以彻底摸清楚哈东游击区抗联的情况，进而一网打尽。

赵一曼被俘后第十天，大野泰治挑了四名伪警察把赵一曼押上囚车送到了哈尔滨。

二

赵一曼被押送到了哈尔滨后，滨江省警务厅厅长、特务头子林宽重已摆好阵势在警务厅里等候着她。

这个林宽重，个子不高，却长着一颗与他身材很不相称的大脑袋，外号叫“林大头”。平时，他眯缝着眼，一派儒雅之态，实际上却是条杀人不眨眼的恶狼。他说得一口流利的中国话，是个“中国通”，因而对付抗日志士和抗日群众比他的同僚们高出一筹，深得上司赏识。

押解赵一曼到哈尔滨的命令就是由“林大头”传下的。从赵一曼被俘那一天起，他就注意着从珠河送来的每一份审讯记录，他对已经收集到的有关赵一曼的各方面的材料了如指掌。他觉得这个由中共中央派到东北的女共产党员不是等闲之辈，不同于本地这些揭竿而起的山野村夫，是个有见识、有来头的“人物”。因而，赵一曼刚一被架进他布置的审讯室，他就迎上前去假惺惺地说：“欢迎，大大地欢迎！本人能和赵女士这样的名人相见，感到非常荣幸。”边说着边拽过一把椅子装出一副毕恭毕敬的样子礼让道：“请坐！——请坐！”

被架进审讯室的赵一曼，十来天的地牢关押、严刑拷问，使她腿上的伤愈来愈重了，此刻，她全身的重量也全靠着一条腿支撑着，她多么想坐下来啊。可是，她猛地推倒了送到眼前的椅子，忍着腿上的剧痛，顽强地站在那里。

“林大头”愣了一下，马上又皮笑肉不笑地故作毫不介意似的给赵一曼倒了一杯开水：“你不要太冲动，也不要这样的固执。请——请先喝杯水！”赵一曼一手把茶杯打落在地，用警惕的目光审视着这个“大头”，看他到底要玩什么把戏。“林大头”也上下打量着赵一曼，这位年轻的女共产党员，披着破烂的短棉袄，棉袄上满是血迹，右腿用破布缠着，在微微地抖动。

“他们没给你治疗吗？太不像话！我马上送你到医院去！”“林大头”貌似关心地说。

“林大头”感到这个女人不一般，但仍厚着脸皮继续说：“赵女士不要生气，我想和你好好谈谈。”

“没什么好谈的!”赵一曼斩钉截铁地说。

“林大头”试探地问:“我真不明白，你这样一个年轻人不好好在家过日子，为什么要奔走抗日呢?”赵一曼反问:“那你这个日本人，为什么不在你的岛国老老实实待着，却要不远万里侵略中国呢?”

“林大头”仍然克制着自己，假装若无其事，背着双手来回踱着步慢条斯理地说道:“我真不明白，你为什么要反对日本，我们是提倡日满亲善、东亚共荣的啊!”

“亲善?有你们这样亲善的吗?你们炮轰北大营、强占东三省，是明目张胆的侵略!”赵一曼厉声回道。

“侵略?哪里，哪里!我们到中国来，是要帮助你们建立王道乐土……”

“帮助我们?”赵一曼怒斥道，“你们奸淫烧杀，残害了多少无辜的中国人?还说要建立王道乐土，真是厚颜无耻!”

“林大头”脸色大变，他想发作，但围着桌子转了一圈儿，又压住了火气，他点燃了一支烟，踱着步，把话引向正题:“好，我们先不谈这个，你先说说，赵尚志的主力部队到哪儿去了?”

“不知道!”

“可是我知道，前几天刚开到松花江下游去了!”“你知道还问我干什么!”

“我是看你年轻，给你一个机会，”“林大头”威胁说，“你要想到你的命运!”

“没什么可想的，既然落到你们手里，我就没打算活着出去！”赵一曼仍然回答得斩钉截铁。

“林大头”猛地停住了脚步，他再也按耐不下去了，恶狠狠地盯住了赵一曼。赵一曼也毫无畏惧地瞪着“林大头”。双方目光对峙了好一会儿，“林大头”凶相毕露地说：“你应该知道，你现在是在什么地方！”

赵一曼蔑视地回答：“这是在我们中国的地面儿上，你们是侵略者，我们才是这里的真正主人！”

“林大头”更加激怒了，他把脸一沉：“你不要敬酒不吃吃罚酒，我的耐性是有限度的！”林大头猛地拉开身后的一扇门，亮出的是一间阴森可怖的地下刑讯室，几个凶神似的打手杀气腾腾地站在那里，地上是赵一曼从没见过的各种刑具。

但赵一曼毫无惧色仍旧大声地说：“死，对于你们这些掠夺成性、贪图享乐的强盗来说是可怕的，但对于我们共产党人，为了忠实于人民的解放事业，流血牺牲是早已准备好的。”

“来人！”“林大头”吼叫着，“把她拉下去，马上给我撬开她的嘴！”

几个打手一拥而上，架着赵一曼“噔噔”拖下地下室，熟练地用细钢丝绳把她吊起来。一个穿警服的特务把赵一曼脚下的砖头踢开，她全身的重量立即加到被钢丝绳吊起的双腕上，她只觉得身体下沉、下沉，而钢丝绳却越勒越紧，鲜血从被勒破的两腕处刷刷流下。

这个特务自鸣得意地看了看赵一曼，一手掐着腰，一手拿起了鞭子：“他妈的！到阎王殿了，你还敢逞能！老子叫你尝尝厉害!”说着，他把鞭子抡得呼呼作响，雨点般地落到赵一曼的身上。

赵一曼闭上了眼睛，忍受着敌人的拷打，她感到全身撕裂般地疼痛。鲜血从她身上流下，溅落在她脚下的水泥地面上，鞭打她的敌人发现，鞭子抽在她身上已毫无反应，她已昏死过去。

打手们忙解开钢丝绳把赵一曼放在地上，朝她脸上连泼了几盆冷水。

赵一曼两眼微睁，目光仍似利剑射向了特务们。

“还不服？来，再给你尝尝鲜!”

打手们又把赵一曼斜架在一个十字架上。一个特务拿起一根细铁棒，恶狠狠地撬开赵一曼的嘴，另外一个特务用一盆辣椒汁往她嘴里、鼻孔里灌……

“说不说?”特务边用刑边吼叫着。

赵一曼闭目不言。

一个特务拿过一把竹签，朝赵一曼的指甲里钉进去，每钉一根，都带出一串血肉，鲜红的血水从赵一曼手上滴下、滴下……

在日本鬼子的酷刑中，“金木水火土”俱全。金，是用铁钳子拔掉人的牙齿；木，是钉竹签；水，是灌辣椒水：火，是用红烙铁烧；土，是把砖头一块块垫在被捆绑的小腿下，让人坐“老虎凳”……特务们用了几招，没有效果，便搬过老虎凳，要把赵一曼架上去。这时候，“林大头”打开铁门进来了，他问特务们：“招了吗?”

“他妈的，又遇到了一个铁疙瘩!”一个特务一边擦着额头上的汗，一边回答着。

“林大头”皱了皱眉头，急走几步来到赵一曼身边，他伸出右手在赵一曼的鼻子前试了试，怒气冲冲地训斥打手们：“混蛋！你们真的想把她弄死吗？我要的是活口！快，快抬到医院去！”

这个晚上，赵一曼被送到了哈尔滨市立医院的平民病房。

三

赵一曼再一次醒来的时候，躺在了一个她完全陌生的地方。

这是哪里？赵一曼忍着剧烈的疼痛睁开双眼用力环顾着四周。

四周一片洁白。白色的天花板，白色的窗帘，白色的被褥，白色的床头柜……一股浓浓的消毒药水气味扑进她的鼻孔，她嗅了嗅，是药味！她慢慢地睁大眼睛再一次仔细扫视周围的环境，她终于相信，自己是躺在医院的病床上。

病房里静悄悄的，没有别的病人，也没有护士、大夫。赵一曼想试着坐起来，但浑身几乎处处都被剧痛噬咬着，她想起来了，就在她来到医院前的那个晚上，那个小个子大脑袋的日本鬼子，那个软硬兼施的恶魔把她投入魔窟受尽了种种非人的酷刑……

“他们为什么把我送进医院来？”赵一曼心里琢磨着。她觉得肯定不是敌人发什么慈悲。

“他们还是要从我嘴里掏出有用的东西！这就是说，我们抗日联军的活动仍然是他们的威胁，还有很强的战斗力！”赵一曼这么推断，心头漾起一股希望。此刻，她多么渴望能够插翅从这白色的病房里飞出，飞向曾经战斗过的抗日根据地啊！

赵一曼的分析与判断是正确的。就在她被俘的这段日子里，抗日联军的活动又有新的发展，抗联队伍和根据地不断壮大。抗联二军一部西征，10 月在漾江与杨靖宇率领的抗联一军汇合，打破了日军对东满抗日游击区的包围，使东满、南满抗日根据地联成一片。11 月下旬，赵尚志所率领的第三军与李延禄所率领的第四军到达汤原，与汤原游击总队会师，一举拔掉了亮水河金矿的伪军据点，令敌震惊。12 月初，周保中所率领的第五军一部，攻占了官地街和北口防所，击毙日伪军数十人，俘虏一百五十多人，这就更使得日伪当局惶惶不安。他们对东北各地遍燃的抗日烽火束手无策，急于要了解内幕，也就更重视赵一曼这位与赵尚志有着直接联系的县委委员了。

"笃笃笃"，病房走廊里响起了皮靴踏地的闷响，响声在赵一曼所在的第六病房 2 号床前停下来。

"赵一曼醒过来没有？""没有。"

"大夫说什么没有？""大夫说她流血过多，伤势重不容易治好……"

赵一曼听得真切，问话的人就是在珠河审问他的日本特务，而答话的人，肯定是个在门外看守她的伪警察。

病房门被打开了，大野泰治、翻译官、看守警察都进入了病房。赵一曼闭上眼睛仍装成昏迷不醒的样子。大野泰治绕着病床转了一圈儿，一直皱着眉头，他猛地揭开赵一曼身上的被子想看看伤势，一股伤口化脓的重重的浓臭味扑鼻而来，他赶快把被子又放下了，对看守警察发起牢骚："怎么搞的，已经三天时间了昏迷还没缓过来？让医院集中力量抓紧时间进行治疗！"

看守警察唯唯答应，陪着大野泰治和翻译官又都走出了病房。

从敌人的谈话中，赵一曼知道敌人急于让她恢复，但她却抱定了宁死不屈的决心。初进市立医院的一段时间里，她泼洒护士送来的口服药剂，拒服任何药物，不吃不喝，因而伤口愈合很慢，身体许久未能恢复。

负责为赵一曼治疗的是一位中年的外科大夫，叫张柏岩。从他第一次为赵一曼诊治时起，就对这位为抗日救国而负伤并遭到严刑拷打的女性产生了深切的同情。看到赵一曼被打得遍体鳞伤、血迹斑斑、奄奄一息的样子，他猜出这个女性肯定是位在日本鬼子面前不服软的志士。而赵一曼的腿部、肩部、腕部的三处重伤，由于没得到及时治疗，伤口都已溃烂，其中腿部的子弹贯穿伤及骨骼，在伤口溃烂化脓感染后，伤势进一步蔓延，不但引起了赵一曼的持续高烧，而且将会造成断肢或生命危险。作为一个中国人，他觉得应该把赵一曼这样的爱国志士从死亡的边缘上挽救过来。他首先给赵一曼精心做了手术，手术后赵一曼拒绝服药，饮食不进，他又一次次注射针剂、葡萄糖，赵一曼度过了垂危时期，身体缓慢地好转。

当赵一曼摆脱了死亡的纠缠，开始恢复生命的活力时，透过病房的窗棂，她被窗外瓦蓝瓦蓝的天空，飘浮的白云，在窗前飞来飞去的小鸟儿吸引了。这使她想起了家乡白杨嘴村，那村边的小河，青翠的竹林，想起了多年未见面的二姐坤杰，大姐夫郑佑之。她心中默念着，丈夫陈达邦现在何方？他们的小儿子已经七岁了，该上小学了吧？……

虽然抱定了宁死不屈的决心，但当她觉得身体在住院治疗中有望康复时，她的心中又燃起新的希望：要设法在住院治疗期间逃出魔爪，重返抗日联军！重返抗日前线！

赵一曼开始寻找新的机会了。

这时候，警务厅特务科的大野泰治被调至哈尔滨东部的阿城，看守赵一曼的伪警察换了班。不久，给赵一曼送药、打针、量体温的护士也换了人。

新的护士是位年轻的姑娘，在值班期间经常穿一身白色长褂，头扎俄式白色巾帕，整天戴着一个白色的大口罩。她每次来到赵一曼的病房总是轻手轻脚的，让赵一曼服药、试体温时也总是轻声细语的，似乎很怕影响到赵一曼养伤。

一次为赵一曼换床单、被套、枕套，护士怕赵一曼腿伤未愈下地站不稳当，就半背着赵一曼下地坐在椅子上，待一切替换整理好后，她又小心翼翼地将赵一曼扶回病床，累得气喘吁吁。她摘下了口罩、巾帕，这时赵一曼发现，她长着一张白皙而好看的圆脸，明眸大眼，鲜红的嘴唇，一头梳理得很整齐的短发，给人以淳朴、善良、美丽的感觉。

“照顾我这样的重病号你一定很累吧？”赵一曼问。

“已经习惯了。”护士报以淡淡一笑，“而且，我们也都希望你快些好起来!”

“你们?”赵一曼忽然警觉起来,“你们”这个代名词中包括哪些人?这个护士是日本鬼子派来监护她的吗?

“我,还有张大夫。”护士不慌不忙肯定地回答着,“张大夫给你做的手术。看你受了三处枪伤,手术时却一声不吭,我们都很佩服你。”

“佩服?你们知道我是什么样的人吗?”

“知道。”护士又一次肯定地回答,“病历上写着你叫赵一曼。报纸上把你被俘的消息都登出来了,说你是骑白马着红装在密林里进行抗日的女王……”

护士说着,神情中流溢着一股钦敬与真诚。赵一曼便问她报纸上是怎样登出的消息。护士把《满洲日日新闻》上刊载的她如何从山东老家出来与丈夫张子明来到奉天,后又移居哈尔滨的一些报道复述了一遍。赵一曼听了暗暗好笑,敌人竟把她编造的经历当成真的了!她觉得眼前这个护士姑娘提供的情况是真实的、可信的,她所表达的感情也是真挚而纯朴的。于是,赵一曼解除了刚才突发的警觉,轻轻舒了一口气开始与这位护士姑娘攀谈起来。

护士姑娘名叫韩勇义,只有十七岁,却饱尝了人间冷暖。她从小失去了母亲,是跟着后妈长大的,从未得到父母的慈爱。进入医院后做见习护士,开始只是扫地,擦地板,倒痰盂,伺候病人,感到孤独而无聊。赵一曼住进医院后,使她身心受到了震撼,她亲眼看到了这位身负重伤、被日本鬼子折磨得奄奄一息的女英雄的坚强不屈，当她从报纸上进一步了解到赵一曼竟是一位驰骋在抗日疆场的女将军时，更增添几分同情、几分敬慕。

从此，韩勇义常常陪伴在赵一曼的身边，听她讲生动感人的故事，或唠家常。

“你真了不起！”小韩激动异常地对赵一曼说出了心里话“我们也恨日本人，而你用行动为我们出了气！”

“没什么了不起。”赵一曼摇摇头说，“我走到今天这一步，可以说是被逼上梁山的。日本人打进我们中国，占领了东三省，还要打到关内去，抢掠我们的资源，屠杀我们无辜的百姓，让我们中国人当牛做马。我们万里神州，我们炎黄子孙，已处在千钧一发的生死关头。抗日则生，不抗日则死。抗日救国，是每个同胞的神圣天职。你说是吧？”

小韩觉得赵一曼说得在理，不住地点头。

赵一曼笑了。这是她住进医院以来第一次绽露出来的笑容。因为她从小韩那无邪的眼睛里，找到了信赖，也找到了知音。从此，她们的谈话更多了，在一起的时间更长了。小韩不再仅仅是例行公务为赵一曼送药、打针、量体温了，她还把赵一曼的衣服悄悄拿出去洗净、补好、叠整齐，再放回病床上，她觉得赵一曼也许会再穿上这些衣服走出医院，奔向抗日救国的前线。

韩勇义向赵一曼说的话也越来越多了，报纸上登了什么新消息，哈尔滨又发生了什么事儿，医院里又来了什么病人……就是她从不向张大夫和其他护士讲的她与哈工大一个大学生处朋友的事儿，她也向赵一曼讲了，她觉得赵一曼是她有生以来遇见的最值得敬重，也最知心的大姐姐。

赵一曼也愿意多与她交谈，向她宣传抗日救亡的道理，讲抗联战士怎样行军打仗，在深山老林中怎样点燃篝火，怎样打黑瞎子、野猪，怎样烤兔肉、烧鹿腿……讲抗联队伍里有许多女兵，这些女兵既有农村姑娘，也有城里来的教师、护士，在抗联里搞宣传、当医生或医务员……

赵一曼讲的内容，小韩听了既感到新鲜，又令她无限神往。有时，她会沉浸在赵一曼给她描述的崭新世界里，蓦然回到现实，又陷入难以摆脱的矛盾心境之中。

赵一曼觉察到小韩的变化，她心里不断勾描着一个如何逃出敌人魔掌的计划。几个月的治疗，在张大夫、小韩这样同情她的同胞的照料下，她的伤情明显好转，她正在策划把医院当成一个新的战场，进行一次特殊的战斗。

小韩可以帮助她，赵一曼这样想。但在病房却日夜有三个伪警察在轮流值班，这一关能过得去吗？

恰在这时，警务厅长官林宽重“林大头”又找上门来。

这个小个子大脑袋的特务头子穿着一套西服，拎着一兜新鲜水果，装出笑脸来“探望”赵一曼了。他放下提兜，用纯熟的中国话问：“赵女士，你的身体恢复得怎么样了？”

赵一曼有了新的打算，见“林大头”没先撕破脸，也与他周旋：“承蒙关照，见好。”

“听你口音，不像是本地人，一位中国朋友对我说，你的口音也不像是山东济南府的人，是吗？”“林大头”笑里藏刀，想要找出赵一曼的破绽。

赵一曼坦然回答："我老家是四川娟州……"

"林大头"得寸进尺："听说赵女士原来姓李？"

"是的。我叫李映辉！"

其实，"林大头"并没有认真地去追究赵一曼的籍贯与真名实姓，他只是想以此为幌子，向赵一曼炫耀他已掌握了许多情报，进而威胁赵一曼说出真话，交代出更多、更有用的东西来。他用的这一招是旁敲侧击、声东击西；他是带着目的而来"探望"的。

他们的"讨伐"部队来电报说，跟踪数月的抗联部队忽然失踪了，讨伐部队进入森林找不到向导，迷了路，出不来，饿死几百人。他又得到消息说，二月，东北抗联各军负责人杨靖宇、王德泰、赵尚志、李延禄、周保中等，发表了《东北抗日联军统一军队建制宣言》，整编为六个军，将掀起新的武装斗争活动。这样，他就更急于要从赵一曼这位与赵尚志有直接联系的"女匪首"这里找到线索，摸清抗联的具体动向。

"林大头"很快将话题归入正传，他问："赵女士，今天我只想请教你一个问题，你们第三军在珠河，第六军在汤原，第五军在镜泊湖，为什么入冬后都到松花江下游集中了？是想越过边境到苏联去吗？"

"林大头"的话唤起了赵一曼对抗联第三军的牵挂，当赵尚志军长率领第三军转移时，就与二团约好，要在部队会合后，翻越兴安岭，西进嫩江平原，从北边威胁哈尔滨。而今"林大头"

又来追问部队行踪，说明抗联一定又取得了新的胜利，她心中暗喜，表面上却平静地回答一句：

“我不知道。”

“林大头”失望了，但他并不死心，又追问一句：“你估计他们会越境吗?”

“我住在医院里，怎么知道他们的行动?”赵一曼的回答虽不高亢，却软中有硬。

“林大头”又一次耐不住了,他霍地从凳子上站起:“你……你这样死不开窍下去有什么好处?”

“你们继续在中国为非作歹有什么好处?”赵一曼的声音随“林大头”猛然站起也陡然升高。

“你放聪明些！”林大头凶相毕露，“你还没出我的手心。我让你活你就活，我让你……”

没等“林大头”把死字说出来，赵一曼就断然回答：“随你杀！随你砍！但你休想在我这里得到什么！”

“八格牙路！——”“林大头”大吼一声，恶兽般地扑向赵一曼。他觉得几个月来，他想用为赵一曼治伤来软化这个女人的打算肥皂泡般地破灭了，恼羞成怒，他猛地揪住赵一曼的头发，把赵一曼拖到地板上，用他钉满钢钉的皮靴底猛劲踢赵一曼伤腿上刚刚愈合的伤口，床头柜被打翻，凳子被抡倒了，他刚刚提来的水果滚了一地。

赵一曼也豁出去了，她紧紧抓住“林大头”的手腕，狠咬了一口。“林大头”嗥叫一声，松开了揪着赵一曼头发的手，却抬脚狠踹赵一曼的腹部，赵一曼全身重重地落在地上，昏死过去。

“林大头”用脚又踢一踢瘫倒在地的赵一曼，看她已不省人事，骂骂咧咧地扬长而去。他刚走，一直听着这间病房动静的小韩就跑了过来。她没有想到，这天值班看守的伪警察董宪勋，此刻正先她一步把赵一曼又拖回床上。见她赶来，董宪勋又像什么事儿也没发生过似的站到病房外一言未发。

护士韩勇义把赵一曼又扶正在病床上，看她全身被踢青了，头发被整绺地揪掉了，那刚刚愈合的伤口又流出鲜血溅红了床单，她摸摸赵一曼的胸口，心脏还在跳动。她知道赵一曼这是在“假死”，便赶紧回转身去找张大夫。

当小韩再一次回到病房时，她发现病房里的床头柜、凳子已经扶起来了，撒满地的水果也被收拾起来。董宪勋仍默默地站在病房门外，只是神情不安地看着他们。

是他干的吗？看着董宪勋，小韩这样想，这个看守究竟是个什么样的人？

四

张大夫给赵一曼伤口重新敷药，站在门口的看守董宪勋也走近病房来看。张大夫看着他就觉得心火直往上升，斥责他说：“我们当大夫的把她治好，你们又来毁了她。既然这样，不如把她杀了！……”

“这不关我的事。”董宪勋支吾着，又小声嘀咕一句：“我也希望她好起来嘛！”

这一句话被小韩听得清清楚楚。她再看一眼这个比她大三四岁的男青年，觉得他同另外一些担任看守的警察有些不一样。

这个晚上，小韩一直守护在赵一曼身边，给她注射，给她热敷，给她梳头……与赵一曼有了交流的这段日子，她一直祈祝这位令她敬佩的女豪杰早日康复，重新骑上白马驰骋于密林里去打击日本鬼子。而今，她觉得自己心中一个美丽的梦被恶狼闯进来给破坏了，她的心灵受到了前所未有的震颤。震颤过后，她似乎懂得了许多，她从赵一曼身上看到一种崇高的精神，这是一个为了拯救民族于危亡的不屈的灵魂，是这旺盛的生命之火把她的心照亮了。

她觉得应该帮助赵一曼逃出虎口，不能死守在病房里坐以待毙。

等到赵一曼再一次苏醒过来时，她把这种想法对赵一曼一一述说了一遍。

“这又是傻话。”赵一曼摆摆手，“看守这么严，能走出去吗?”虽然小韩说出了她心中的打算，她却不露声色。因为她想到了，如果走不成，还会连累小韩，但没说出口。

这时小韩却出她意料地告诉她：看守董宪勋很可能是个有正义感、爱国心的青年。小韩提供的情况，使赵一曼再也难以平静下来，她开始观察、接近这个年轻的看守。

原来，二十一岁的董宪勋，从小就失去了父母，五六岁时便跟着叔父从山东老家逃荒来到关外，一直过着颠沛流离的生活。两年前，他背着叔父来到日寇警察厅当差。

自从他被调来看守赵一曼之后，他被这坚强不屈的女英雄感动了，产生出一股敬慕之情。但“林大头”把他敬慕的人摧残了，那一刻，他真想上去拦阻，甚至想狠狠地揍“林大头”一顿，但他终于没有这样做，致使陷入一种羞愧与悔恨之中。而“林大头”一走，他却想帮帮这位抗联女豪杰。

当赵一曼主动接近他，给他“摆龙门阵”时，他总是静静地听，特别是当赵一曼给他讲抗日的必要性和前景时，他不表态，也不反感。他开始帮助赵一曼做些事情：当赵一曼和小韩在病房里讲抗联战士的生活，讲抗联战士同日寇英勇奋战的情形时，他常贴近门口倾听，一旦有什么人来了，他就事先在门外咳嗽两声，或大声同来人搭话，给赵一曼一个信号，让她有所警惕；赵一曼有时想要些纸、笔写日记，他就悄悄地给赵一曼设法找来。赵一曼用这纸、笔，以纪实小说的样式把“九·一八”事变后在奉天（沈阳）所见的日军暴行以及敌伪成立满洲国的肮脏目的，被残杀的中国人民的惨状，人民反满抗日的斗争，都真真切切地记叙下来。而小韩和董宪勋成了她这些小说的读者，首先被感动了，不断要求读续篇……

于是，在警务厅严密控制的市立医院第六病房2号室就出现了一个充满生气的小天地。在赵一曼启发下，小韩、董宪勋从同情抗联到热爱抗联，最后都表示愿意跟着赵一曼走，一道去参加抗联。

“林大头”并没有放过赵一曼。他亲自“探视”赵一曼一无所得之后，命令手下的司法科长增田、特务科长鹿井、巡官千叶等心腹，轮番到病房审讯赵一曼，每次审讯，赵一曼都要受一次折磨，遭一次毒打，也就令小韩、董宪勋难受一回。

小韩和董宪勋不愿再目睹这种惨状了，他们都愿意赵一曼快些逃出这个魔掌。

六月雨季到了。一天晚上，窗外电闪雷鸣，暴雨连绵。风声、雨声交织在一起，仿佛要吞没整个世界。

到了晚间看守换班的时间了，病房里的赵一曼和小韩听到了董宪勋那急促而熟悉的声音，知道他又来值班了。

刚刚把一个看守换走，董宪勋就闯进赵一曼的病房，他神色慌张地说：

“赵先生，不好了，日本人很快就要处决你了！”

小韩急切地追问：“你说的消息准确吗？”

董宪勋点点头：“詹翻译让我们这两天把你看严一点，过两天就调防！”

赵一曼显得很平静：“死并不可怕，我早准备好了！”

“不！不！”董宪勋急切地说，“你不能等死，你要想法赶快逃出去！……”

“对，赵大姐，我们都希望你逃出去。”小韩也说。

这是赵一曼在心中多次盘算的想法，如今被两个青年人恳切地说出来，她不再犹豫。她低声对两个值得信赖的青年人说：“好，我听你们的！我走了，可能会连累你们。如果你们有胆量，咱们一起走！”

这是小韩盼望已久的事，她连忙点头。董宪勋也说：

“怎么走法，你说吧！”

赵一曼想了想，问道：“这里离警务厅多远？”

“不远。”

“那我们行动更要特别小心。”赵一曼说，“要做好充分准备，争取万无一失。再说我们的目标太大，也需要化装一下，我们明晚行动吧！”

“行。”董宪勋说，“我叔叔在阿城，我们可以先躲到他那里去，走时雇辆汽车。”

小韩看看赵一曼，猛然摘下手上的金戒指，这是念哈工大的男朋友送给她的，她把这枚金戒指交给了董宪勋：“这个戒指你拿去卖了，给赵大姐买件普通衣服。雇车钱不够，我再想办法……”

两位青年的举动令赵一曼心头一热，这同胞手足之情使她眼眶里涌动着泪花，她把小韩拉到跟前，紧紧地搂在怀里……

第二天（1936 年 6 月 28 日）晚上，是个星期天。白天一阵阴、一阵晴，医院里静悄悄的。到了晚上，又下起滂沱大雨。漆黑的夜幕里，伸手不见五指，街面上没有一个行人。

午夜前，一辆黑色小汽车，穿过茫茫的雨帘，停在市立医院的木栅栏外。

借着闪电的光亮，小韩在黑暗中帮助赵一曼换上她昨天刚买的一件新旗袍，又替赵一曼扎上一块头巾。小韩平生以来第一次冒这么大的风险，很紧张，手都不听使唤了。赵一曼低声嘱咐小韩：

"别慌！——"便忍着腿上的伤疼，在小韩的搀扶下一步步挪到长廊尽头的出口。董宪勋正在这里接应，他赶紧背着赵一曼下了石阶，小韩迅速跑到前边去，拔掉了三块木栅栏，三个人钻了出去，小韩回身又迅速地把栅栏重新插好。

董宪勋和小韩一左一右搀扶着赵一曼上了汽车。小韩和赵一曼坐在后面，董宪勋坐到司机右侧一摆手，小汽车就如离弦的箭射进了夜幕里。

这是一辆出租车，驾驶员是位白俄罗斯人，开车技术很娴熟，又摸透了哈尔滨市的街道，东拐西绕汽车很快就开出了市区。

可是，一到郊外，汽车就在坑坑洼洼不平的泥路上颠簸起来，越往前走，颠得越厉害。白俄罗斯司机满腹抱怨一路咕噜着，艰难地转动着方向盘，整整走了两个多小时，才到达离哈尔滨只有三十公里的阿什河。

一个急刹车，汽车停在雷鸣电闪中翻着浊浪的阿什河边。上涨的河水，冲断了河上的石桥，汽车已无法通过。白俄司机咕噜着伸手要钱，小韩给他五块光洋，他还要，一直加到八块，他才钻进汽车，调转车头开跑了。

大雨把三个人都浇得浑身湿透了，小韩焦灼地自责："都怨我忘了带上一把雨伞，这么大的雨也不知河水深浅咋过河啊？"

董宪勋虽然年轻，此刻却深知自己角色的重要。三个人中只有他一个是男人，而前面要去的地方也正是自己的叔叔家，只有他认识路，他在雨中向四面巡查着，发现不远处有个屯子，便喊起来：“你们等着，我去雇两乘小轿来！”

“小心啊！快去快回！”赵一曼觉得伤口被雨水浇得一阵阵剧痛，但她毫未流露，却细心地叮嘱着董宪勋。

董宪勋在雨幕中消失了。赵一曼和小韩坐在桥头，无遮无拦，夜雨浇得她俩冷得发抖，她们互相拥抱着。小韩想到了将要参加抗联，便问道：“赵大姐，参加抗联在野外行军时，常遇到这样的天气吗？”

“行军打仗，啥样儿的鬼天气都会碰到。”赵一曼说，“但只要和日本鬼子接上了火，打起仗来，就什么天气也都不在乎了！”虽然被暴雨浇得透心凉，一想到将要回到抗联部队，赵一曼还是十分兴奋，仿佛这兴奋把寒冷也一下子全赶跑了。

小韩也被赵一曼的情绪感染了，虽然在夜雨中等了好半天，她们却觉得时间过得很快。当董宪勋领来两乘小轿，她们便坐上小轿由董宪勋带路向阿城金家窝堡奔去。

阿城金家窝堡村东头一间破旧的土屋里，住着董宪勋的叔父董老汉。董老汉劳苦一生，给地主扛过活，在矿里下过井。十多年前，老家山东遭到空前的旱灾，他带着哥哥留下的孤儿董宪勋逃荒到关外，来到这里落了户。遵照哥哥临终前的嘱咐，节衣缩食，他千方百计供侄儿念了几年书，没想到两年前董宪勋竟鬼使神差地当上了伪警察，给日本鬼子干起了事情。他心里极为窝火，更觉得在乡亲中间抬不起头来。

而今，董老汉看着侄儿冒雨带回了两个抗联战士，其中还有一个被人传说是“骑白马，挎双枪”的抗日女英雄赵一曼，老汉一阵惊喜，他为已觉悟过来的侄儿高兴，连夜给客人生火造饭，刷鞋烤衣服……赵一曼、小韩和董宪勋被雨淋了一夜，这会儿分东西屋蒙上大被在热乎乎的火炕上一躺，很快就进入了梦乡。

赵一曼一觉醒来时，首先看到炕桌上摆好了香喷喷的庄稼院饭。抬起头时，却见董大爷正端着烟袋锅慈祥地看着她："闺女，你睡得好香啊！"

赵一曼一骨碌从火炕上爬了起来，不好意思地说："大爷，给您添麻烦了！"

"闺女，你这话就说远了。你们抗日联军为了抗日救国，丢家撇业的，老百姓就该护着你们。我还给抗联应过差，出过粮呢！"

他们的谈话，把小韩和董宪勋也惊醒了，又冷又饿的三个人，此刻都觉得肚子里在咕咕叫了，揉揉眼睛，就都凑到炕桌前狼吞虎咽地吃起早饭来。端着饭碗，赵一曼的目光扫向了窗外。这时天已大亮，雨后的北方田野沉浸在绿色的宁静中，青纱帐已经长起来，村里不时响起一声声鸡鸣犬吠。赵一曼皱了皱眉头问道："董大爷，这个地方鬼子最近来过没有？"

"我们这个屯子穷得很哩！穷得连兔子都不拉屎，很少有人来。"

赵一曼稍稍放下心来。这时她看小韩和董宪勋两个年轻人都已焕发起精神，想到将要带他们去参加抗日联军，不禁又问一句："你们就要到游击区了，不想家吗？"

"我早就想要离开那个家了！"小韩说。

“我已准备好了，赵先生，你说下一步咋走吧?”董宪勋问。

赵一曼知道离这里很近的宜县三区就是赵尚志率领的抗联第三军活动的一个根据地，但她一直未说出来。此刻，她认为时候已到，该像战前动员那样，把下一步行动计划向两个“新战士”交底了。

两个青年听着值得信赖的“赵政委”的安排，向往着即将开始的抗联战士的战斗生活，有说有笑地商量着奔向宜县三区的行程。

为了不惹人注目，他们选定晚上出发。董老汉去求乡亲魏玉恒老汉出趟车，魏老汉问明因由，爽利地答应了，出车时还特意为大车套了三匹马。

被暴雨涤荡了两天两夜的乡村土路真难走啊，魏老汉赶车又不敢走大路，东绕西拐，一会儿车轱辘陷进泥坑里了，一会儿又遇到小河沟不敢贸然过去，再绕个弯儿……整整跑了一宿，天亮了，赵一曼他们回头看看，才知道没走出金家窝堡几十里。好在这一段人烟稀少，他们可以放开胆子赶路了。

路虽然还是坎坷不平，大车把几个人颠来颠去，但小韩紧抱着赵一曼，董宪勋抓住了车厢板，看着远山近峦、旷野、森林，心情却豁然开朗起来。他们知道，离抗日联军根据地越来越近了。

晌午，他们来到王永汗屯附近。赵一曼和王惠同率领二团在这一带活动过，看着远处熟悉的山山岭岭，赵一曼高兴地告诉小韩和董宪勋：“看，再走二十多里路，翻过前面那道山梁，就是我们抗联的地方啦!”

小韩向赵一曼靠了靠，拉住了赵一曼的手：“到了抗联，赵大姐可要多关心帮助我呀!”

董宪勋也摩拳擦掌，他为自己从歧途上毅然返回正路，在心灵上得到真正的解脱而高兴。

然而，就在这时，“砰！砰——”后面响起了枪声，紧接着传来急骤的马蹄声。

小韩回头一看，惊叫一声：“不好！——”她浑身颤抖地扑到赵一曼怀里。

最坏的可能终于发生了，二十多个敌军骑着快马追了上来。

“别慌!”赵一曼稳住大家，“记住我说过的，魏大爷是我花钱雇来的，你们两个是答应要带到乡下去结婚的，无论如何不能说出我们要去的地方!”

董宪勋却沉不住气了，他猛地站起：“抓回去也是死，我和他们拼了!”

“镇定些!”赵一曼拉了一把叫他又坐下，“我不能让你们两个白白牺牲，你们要好好活下去!”

魏老汉急得两眼喷火，上了不听邪的劲儿，他用鞭杆捅一下驾辕的马屁股，三匹马发疯似的向前飞跑。

“砰！砰！——”又是几枪，子弹就从大车旁边呼啸而过。敌人的几匹快马已追过了大车，鬼子端起刺刀拦住了车的去路。一阵如雨的鞭打随即落在赵一曼、小韩、董宪勋的身上。

寡不敌众，除了车老板，他们都被绳子捆住押上了回程……

赵一曼他们逃出哈尔滨市立医院的第二天凌晨，伪警务厅就接到了他们出逃的报告，暴跳如雷的“林大头”立即派人四处搜捕，封锁进出哈尔滨的路口，发出了通缉令。

狡猾的“林大头”知道伤势仍未痊愈的赵一曼不可能自己走出哈尔滨，便下令盘查全市的马车夫、黄包车夫、出租车司机，终于从那个白俄罗斯司机口中得到了线索。

日伪骑警很快追过了阿什河，追到了金家窝堡，挨家挨户搜查，发现魏老汉家赶车人和大车都不在，便沿着魏家大车在泥路上留下的车辙印纵马一路追来……

赵一曼被押解回滨江省警务厅。

这一次，特务们将赵一曼的两手用绳索反绑着，双脚钉上了几十斤重的铁镣，仿佛怕她再一次插翅而飞。

“林大头”觉得受了赵一曼的戏弄，恼恨交加，不再软硬兼施，而是对她进行了疯狂报复，又是“金木水火土”五刑俱上。

赵一曼的头发被撕揪得蓬乱，脸上被皮鞭抽出一道道伤痕，浑身流溢出血水，但她豁出去了，抱定了必死的决心。

“你要往哪儿逃？说！”“说不说？不说杀了你！……”“林大头”犹如一条发了疯的恶狗，穷凶极恶地狂喊乱叫着。

任凭敌人百般凌辱，疯狂摧残，赵一曼紧闭双眼再也不做任何回答。

特务举起了战刀，朝赵一曼的肩头劈下去，她的右膀被战刀刀背击断了，倒了下去……

整整折磨了赵一曼一个月，日本宪兵在赵一曼身上施尽了种种最残酷、最下流的毒辣手段，使赵一曼饱受了精神和肉体上的双重折磨。也仍未能摧垮她的革命意志，赵一曼始终坚贞不屈，以坚强的意志承受了最大的侮辱与磨难，挫败了敌人，经受住了严峻的考验。终令敌人迄无所获，没有获得一点有关抗联的口供。彻底击碎了敌人对她存有的一丝一毫幻想，日寇完全绝望了。

1936 年 7 月末，伪滨江省警务厅把赵一曼的案卷送到警务厅，警务厅长涩谷三郎看完案卷后万分感慨地自语道："可惜她不能为我日本所用……"随后他抄起笔在案卷上无奈地批示道：立即押送到珠河街（地处珠河县）示众后就地处决。

五

自 1935 年 11 月 22 日在春秋岭附近负伤昏迷过去的赵一曼被伪军俘虏之后，到 1936 年 8 月 2 日在珠河县城的小北门外的刑场上赵一曼残遭日军枪杀而英勇就义之前，在这短短的八个多月里，日军对赵一曼的灭绝人性的摧残，如何去声讨、控诉呢？赵一曼以坚强的革命意志承受住了最大的侮辱与磨难，又怎样来描述、诉说呢？这里有来自当年日军的三份资料（当属第一手材料），既无粉饰夸张，也无凭空捏造。从以下三份资料的字里行间，人们足以窥视当年日军的可恶与可恨！更能领略到赵一曼的刚强和伟大！

第一份资料：女英雄赵一曼受刑始末（部分节选）。

——滨江省公署警务厅特高股警副森口作沼（当时对赵一曼

用刑的日本鬼子）的供述：

赵一曼女士再次被捕后，经过几场审讯仍毫无结果。1936年7月25日，滨江省公署警务厅林宽重长官召集我们几个人商量如何处置赵一曼女士。警务厅特务科长山浦君认为"这个女人是个坚定的女共产党，她要是那么容易就屈服，在中共也不会有这么高的身份了。从这里我觉得，我们那样的审问方式对她是无效的。不如马上枪毙算了。"

警务厅特务科特高股长登乐松君也说："这样顽固的女人，要想用审讯来摧垮她的意志，得到口供，办不到，而且伤势那样重，还是杀了为妙。"

林宽重长官认定赵女士是东北抗日联军的一个重要人物，还认为"是个在中共里占有重要地位的人物，应进行更加彻底的审讯。"大黑君也说："虽然前几次审讯赵女士，她一直都一声不吭，但第一次电刑她还是连声喊叫，看来电刑还是比其他刑法更有效果，应该再用电刑试一试。不行了再枪毙也不迟。"

山浦君还是坚持说："经过几场审讯，赵女士的身体已极端虚弱，对这样顽固不化的死硬分子，不加大刑罚是不会有结果的。可是，一加大用刑力度，赵女士就会容易昏迷甚至有生命危险，也没效果。"大黑君反驳说："可以使用刚从本土运来的新式电刑器具。我研究过这种电刑的用法，它的好处就是能随便调控电压的高底，还可以通过变换电流强度、频率和出入口等控制用刑力度，不让受刑人昏迷，使受刑人长时间处于半昏迷半麻木状态，神经系统陷于混乱，可能会吐露真情。特别是对像赵女士这样的顽固分子，只有让她长时间处于难以名状、无法预料的痛苦之中，才有可能达到把她熬刑的意志和毅力慢慢耗尽，最终逼她屈服。”山浦君说：“问题就在这里，对像赵女士这样强硬的女人，进行审讯可不那么简单，若是听凭她死掉，我们就立不了功啦。最好叫医务室派一个高明的大夫来。同时再多打几针强心针，使赵女士不轻易昏迷，保证审讯的效果。”林宽重长官说：“我也听说帝国的新式电刑器具审讯效果很好，很多硬汉子都顶不住。我就不相信赵女士这么一个女人能挺得住！”就这样，林宽重长官作了决定：明天用刚从本土运来的新式电刑器具对赵女士实施第二次电刑。由特高股长大黑照一亲自实施电刑，不要有任何顾忌，可以直接电击赵女士身体最脆弱、最敏感的部位。要注意调控电压和电流强度，电流强度要集合在一个入口，要经常变换电流出入口，一定不要让赵女士昏迷。最后，林宽重长官说：“总之，要慢慢地跟这个女人耗，不能停，不能让她有喘息的机会，直到电刑摧垮她反满抗日的意志，撬开她的嘴！”

第二天一早，我和大黑君去地下室提审赵女士。一见面，气氛马上变得很紧张。她从容地抬起头来怒视着我们，面无表情，似乎早有准备。看见她那令人望而生畏的面孔，我情不自禁地倒退了两三步，心里想，这个女人真是不好对付。我们要上前去搀扶她走，被她甩开拒绝。她坚持自己走，因脚镣太重，脚髁被磨出血来，赵女士不在乎，昂首挺胸，一步一瘸地坚持往前直走。望着这情景，我隐隐感到：我们今天用刑也不一定会摧垮这个女人的坚强意志。对这个女人，是要费很大的劲儿，可能还是得不到什么结果的。

到了审讯室。林宽重长官用中国话问："赵尚志部队在哪里?"赵女士答："不知道!"对她的顽强态度林宽重长官简直无法应付。又问赵女士为什么抗日，赵女士回答："这个再明白不过的问题难道还用问吗？你们这些日本鬼子，在我们中国土地上杀人放火，横行霸道，掠夺资财，强奸妇女，干尽了坏事。哪一个中国人不想把你们这些禽兽不如的东洋鬼子赶出中国，我的主义就是抗日!"

林宽重长官有些生气，一挥手，我们立刻上前拽下了赵女士身上的衣裤……（此处删去约两千字）

……先是一阵痛苦的抽搐，随之浑身冷汗沁出，呼吸急促，全身肌肉抖动不止，脸上、脖子上青筋暴凸了出来，面部肌肉痛苦地扭曲着。但丝毫没有要屈服的意思，她竭力咬紧牙关，忍着剧痛，强迫自己把要叫喊的声音压在心底。看来赵女士还是要像以前一样，不喊叫出一声来……

林重宽长官不耐烦了，挥手叫山浦君停止，命令我们给插入赵女士体内的刑具夹上电极。林宽重长官上前问："赵女士，听我的属下说你骨头很硬，他们费了很大的劲儿，也很难让你叫喊出声，真了不起。今天我要让你试试帝国的新式电刑，是刚从大日本运来的，据说这玩意儿很厉害，让人挺难受的。我给你三分钟时间考虑。只要你说出赵尚志部队在哪里？我们就放了你。你不说，就要让你第一个试试大日本帝国科学成就的滋味儿，它会让你说出来的。记住了！我只给你三分钟时间，要想清楚。"

一阵沉静，只有“滴答”“滴答”的时钟摆动声和赵女士偶尔喘出的大口粗气的声音。我看了一眼，注意到赵女士有点微微发抖（前几次没有过），呼吸也有些急促吃力。神情仍是像以前一样坚定冷漠的赵女士，脸庞闪过一丝惊恐悲哀的神色。显然，她也不清楚接下来的受刑会有什么样的感觉，只晓得可能会顶痛苦的，心里下意识地产生恐惧感。她想竭力控制自己的紧张情绪，但没成功，她的两腿仍一直微微颤抖。

虽然我一直认定赵女士是个坚强的女性，态度死硬。但她也是个与常人一样对疼痛有感觉的女人。她不能没有自然生理反应。

赵女士仍是一声不吭，没有回答，张着的双唇也紧紧地合在一起。明显是已经下定决心承受即将到来的肉体折磨和痛苦，还准备像前几次受刑时那样，不愿意屈服，硬挺到昏迷为止。只有偶尔微微颤抖的身躯和剧烈起伏的胸部暴露了她内心的紧张。

林宽重长官摆了个手势。紧接着，大黑君就按昨晚制订的刑讯方案，把电刑器的调节开关轻轻地来回拨了一下。刚才还很平静的赵女士马上狠狠地吸了一口冷气，挂在刑架上的身子突然绷紧了，像被击了一下！

林宽重长官马上问：“感觉怎样？挺难受的吧？再不说就要这样一直电下去，到你说出来为止！再考虑一下吧！”

赵女士一声不吭，只是用愤怒的目光瞪着林长官。“你说不说？不说……电！”林宽重长官下了命令。大黑君一接通开关，赵女士的头就慢慢地仰了起来，眉头紧锁，脸也绷的紧紧的，身体开始微微的震颤，像筛糠一样哆嗦起来，胸肌也在抽搐。不出一会儿，从额头和胸口慢慢渗出的一滴滴汗珠凝集成黄豆般大。赵女士这个女人确实死硬，她居然能忍受着这难熬的钻心剧痛，硬挺着逐渐剧烈抖动的身躯，拼命竭力控制着自己的抖动，咬着牙死顶着不喊叫出声来，只有嗓子眼儿里发出一点轻微的痛苦呻吟声。看到赵女士不吭声，林宽重长官命令加大用刑力度。

随着一股股毫无规律地电流涌进赵女士身体的敏感部位。她全身肌肉震颤的频率越来越大。伸在半空的双手，不时地紧紧地攥成拳头，然后又松开，没有指甲的十指战栗着向前伸挺，慢慢撑裂了刚愈合不久的瘢痂，血珠从一根根光秃秃的手指头的裂纹中细细地沁透出来。刚才低沉的呻吟声变成了小声。

……突然，赵女士猛的挺起了胸脯，张开嘴巴，发抖的双唇一开一合地挣扎了近十几秒钟才终于极不情愿的从压抑地喉咙里喊了“啊呀！啊……呃…啊！”撕心裂肺的悲哀的叫出声来。现在回想起来，那种惨叫声音完全不像是从赵女士的嘴里能发出来的。难以接受的痛楚肯定远远地超出了她的想象，虽然赵女士确实已经做好了准备。

几分钟后，强烈的痉挛使赵女士浑身的抖动愈来愈剧烈，节奏也越来越快。“啊！……啊！”赵女士一阵接一阵哀鸣的尖叫声陡起，越拉越长，也越发凄惨，令人不寒而栗。为了不使赵女士过快地昏死过去，摆脱痛苦。林宽重长官示意大黑君要经常改变用刑力度。让赵女士保持清醒的状态，接受最大限度的痛苦。不断变化的电刑力度，使赵女士一直处于猝不及防的精神状态下。

她挺刑的心理压力骤然加大，加重了受刑部位的痛楚感，造成赵女士难以名状的痛苦一次比一次难以承受，完全无所适从。她时而平静、时而发抖；一会儿胸脯向前猛挺，一会儿下身腹部往后收缩；嘴巴又张又合，嘴唇战栗一次比一次久；身体肌肉痉挛的节奏忽快忽慢，身子的抽搐也时断时续，持续时间一次比一次长；令人心悸的惨叫声忽起忽落，越来越惨烈……

突然，赵女士无力地摇晃着散乱的，被汗水湿透了的短发，昏昏沉沉地吐出一串模糊的喊叫声："啊啊……不！不……"

听到这盼望已久的喊叫，我们大家都感到兴奋。从生理上讲，这么长时间难以忍受的剧痛是常人无法忍受的。赵女士再坚强，再有信仰，毕竟也是有血有肉的人呀！我也觉得赵女士的忍耐力已达到了极限，熬不过帝国新式电刑的逼供。

"你还不说？你以为你还能抗的过去？现在知道大日本帝国新式电刑的厉害了吧！快说！"林宽重长官高兴地对赵女士逼问道。

……当赵女士用力把一口带血的唾沫吐到了林长官的脸上时。大家马上就失望了，赵女士失声叫喊着的"不……"只不过是"不知道！"的意思而已。

只得继续用刑……每当赵女士痛苦即将达到极限，肌肉发硬，全身抬起，快要昏过去的时候。大黑君就按昨晚制订的方案，就及时调弱电刑力度。并慢慢断开电流，待赵女士全身松弛，鼓起的肌肉陷下，清醒一会儿后，再接通电源。就这样一次次地变换，一次次地断开，再一次次接通。……让赵女士受到的痛苦和折磨停不下来。处于欲死不能，求生不得的状况，一直到了精疲力竭，濒于崩溃的程度。

林宽重长官还经常命令暂停电刑，叫救护人员用酒精擦干了赵女士湿淋淋的肉体，多次给她注射了大剂量的强心针和樟脑酊，强迫喂灌许多掺有咖啡因的盐水和含有高纯度甲基苯丙胺的葡萄糖液，待赵女士恢复体力，头脑清醒，精神亢奋后，再继续用刑。

也不清楚从什么时候起，赵女士的身体完全失禁了。沥沥拉拉的屎尿、稠厚黄白色浊液与稀涔涔的猩红色血水混在一起，伴着一些组织的碎块，时急时缓地从下身不断流出来，到处都是。阵阵秽臭气味扑鼻而来，十分难闻，令人发呕。伴随着失禁，赵女士也开始呕吐了。先把胃里的食物一口一口的吐出来。吐完后，又吐出酸溜溜的胃液。最后，胃液也吐干净了，竟硬生生地把黄绿黄绿的胆汁也一点一点的呕出来。最后，赵女士受刑处的皮肤也变色了，胸脯的皮肤从乳头开始慢慢焦黄，流出的血水和分泌出的浊白色液汁也被烤干，直至把整个乳晕焦成两个铜钱般大的黑瘢。耻骨前区的部分体毛也渐渐地被烤焦，电流斑逐渐变色，先由黄色变成灰褐色，再变成暗紫色。一股微微的烧焦皮肉的糊味也慢慢地从赵女士的身上散发了出来。……

时间一小时一小时地过去了，看到赵女士还没有要屈服的样子。我们都沉默不语，谁心里都明白：今天赵女士是下了死决心，要豁出命来硬挺到底了。用这种电刑慢慢地跟这个女人耗，根本摧垮不了她的意志，也是无法逼她屈服的。

我们只能是硬着头皮继续用刑。……

拷问断断续续持续了7个多小时。电刑造成了连续不断的剧痛，已超过了任何人都不能够耐受的极限。在不知所措的痛苦呻吟和嘶哑的惨叫声中，赵女士的头无力地垂了下来，全身像被抽掉筋一样软软地挂在刑架上。她被折磨得昏死了过去，最终停止了挣扎，只剩下大腿、小腿、腹部、肌肉本能地抽搐，人体排泄物的腥臭味混合着皮肉的烧焦味充满了刑讯室。我们都感到赵女士的生命已岌岌可危。但赵女士始终丝毫没有屈服的意思。

我上前把赵女士从刑架上卸下来时，她浑身上下湿淋淋淌着汗水，口中直流白沫，舌头外吐，眼球突凸，两眼变红，瞳孔微微放大，下嘴唇也被她自己的牙齿咬得烂糊糊的……赵女士原是个外貌美丽的极富书卷气的消瘦女子，现在整个眉眼口鼻全都可怕地改变了形状，根本不像是一张人的脸了，那副模样实在是惨不忍睹。

林宽重长官很失望，用手巾频频擦着汗水，长吁了一口气："这个女人竟这么顽固，连帝国最新式的电刑也摧垮不了她的意志！怎么可能？该不会是电刑设备有问题吧？"

山浦君说："电刑效果是不错的，只是想不到赵女士这么顽强！骨头真硬！好像连命都不要啦？"我们也都失望了。我们都很难理解：是什么力量在支撑着赵女士这样一个年轻女子有如此钢铁般的毅力，竟然能长时间熬住帝国最新式的电刑。我们实在想不出还有什么更厉害的刑罚了。最后，林宽重长官无可奈何地说："没想到这个女子这么死硬，帝国的新式电刑还是摧不垮她的意志。我看毙掉算了！”

第二份资料：滨江省公署警务厅司法科法医股《关于赵一曼女士伤检诊断报告》（1936年7月28日滨警司法密809号）：

7月27日上午，经全面检查，对赵一曼女士身体受伤情况诊断如下：

（1）心脏肝脏系统有受伤症状：心肌受损，收缩力减弱，心律紊乱，窦性心动过速、脉搏（心率）132次/分；体位性低血压虚脱、循环略有衰竭；儿茶酚胺分泌增多，肾上腺素大量分泌、肾上腺皮质功能明显减退。

（2）中枢神经系统有受伤症状：眼球震颤、对光反应迟钝，肌张力低下，共济失调；出现明显的锥体外系症状，经常突然多动、震颤、静坐不能、肌紧张不全、不安（开），几分钟后又变为全身强直不动（关），持续数分钟，周而复始。

（3）注射及口服兴奋类药物超出规定剂量，严重刺激应激激素的释放，产生过量效应的副作用和后遗症；血液中苯丙胺含量过高，属中度中毒症状。

（4）全身多处电烧伤。具体伤情：

咽喉：发音过度，咽喉、声带撕裂出血；

乳头：形成了直径为6～8mm的圆形裂口，边缘隆凸，央中凹陷，斑痕质硬而干燥，体内液体物质发生离解，呈明显炭化状态，为Ⅲ度电烧伤；

乳房：表皮剥脱，局部皮肤皮革状、呈焦黑色，与周围正常组织分界清楚；创面深及皮下组织、肌肉、乳腺导管和神经丛，皮下静脉网呈树枝状，局部组织呈炭化状，永久性丧失哺乳功能，为局部Ⅱ度电烧伤；

会阴前区：耻骨联合前方帘状的部分体毛烧焦，帘状部的皮下电流斑色明显；泌尿器官、生殖器的开口和肛门电烧伤深达黏膜、肌层组织，已阻碍正常的生殖排泄功能；影响将来身体直立，大腿外展及下蹲，不便行走。为局部Ⅱ度电烧伤；

泌尿器官：导尿管及膀胱被硬器刺伤，形成了裂口，局部烤焦，外伤性血尿滴漏，排尿有强烈刺痛感；神经纤维肌肉组织及神经根均不同度坏死，可能永久失禁，为Ⅲ度电烧伤；

阴道：中度撕裂伤、子宫及附件损伤；阴道壁大部被烤焦，黏膜、肌层和局部浆膜组织因电解作用受到损害，发生变质、坏死，分泌功能丧失，Ⅱ度电灼伤；阴唇粘连、假性阴道闭锁；物理性子宫脱垂，呈脱出状态；

肛门：撕裂严重，括约肌器质性损伤；Ⅱ度电灼伤，组织蛋白凝固、其深部坏死范围超过浅表的坏死；Ⅰ度肛脱，肛周畸形，遮挡肛门排便，造成粪便潴留，形成排便困难。

注意事项：各受伤部位均为神经密集区域，敏感性强，纤维肌肉组织细嫩，容易并发感染，可发生湿性坏疽、脓毒血症、甚或气性坏疽等；会阴部电烧伤严重，该部位极易发生创面化脓感染、迁延不愈，最终形成瘢痕愈合，出现挛缩畸形；中度中毒可能导致永久性失眠，大脑机能破坏、心脏衰竭、紧张或激动不安，甚至长期精神分裂症。

第三份资料：滨江省公署警务厅司法科暨特务科《关于审讯

赵一曼女士效果的报告》（1936 年 7 月 29 日滨警司暨特密 4759 号）（节选）：

（1）参考厅本部以及有关机关的意见，7 月 26 日对赵一曼女士的电刑。操作准确，新式电刑器具功能发挥正常，给了赵一曼女士超负荷的最大压力。在长时间经受高强度电刑的状态下，赵一曼女士仍没有招供，确属罕见，已不能从医学上解释。故审讯未取得理想效果，一是赵一曼女士有很高的文化修养和激昂的抗日态度，属顽固不化的思想犯；二是赵一曼女士已抱定必死之决心，且意志之顽强令人难以置信，单纯审讯已无法改造其反满抗日的思想。

（2）回顾审讯赵一曼女士的效果，我们应加以考虑的是对今后刑讯方式的改进：为有利于提高思想改造工作的效果，应慎用此类专门的电刑，尤其是对女性受刑人，有更换电击部位的必要；电刑强度的控制是最需要慎重的，电流引导物要适当，避免身体器官永久性损伤；电流通过人体时间不宜过长，防止对人体的机能破坏过大，严重破坏肌体各种组织，难于完全恢复；不宜采用硬物插入体内深处，避免造成器质性损伤；也不宜过量使用高纯度兴奋类药物，避免人体产生永久依赖性；对思想犯人的改造工作的改进，是最需要进一步努力的；总而言之，有必要进一步努力研究，提高电刑审讯效果之途径。

（3）要通过审讯改造赵一曼女士思想，了解哈东地区抗日军外围团体的全貌，并获取思想对策上的重要参考资料，已完全无可能。对如此顽固的思想犯其境遇无需再斟酌，将来没有悔改之希望，应给以严重处分，（处以死刑）坚决铲除。建议采取游街示众的方式，利用对她的死刑，宣传扑灭共产主义和抗日思想的王道主义。如果利用得好，比杀几百个抗日军效果还大！

亲手对赵一曼用刑的日本鬼子的供词——暴露无遗地戳穿了日本帝国主义侵略行经的残暴和兽行！

《关于赵一曼女士伤检诊断报告》——以铁的数据证实了赵一曼烈士所受酷刑的严重程度；

《关于审讯赵一曼女士效果的报告》——将日本侵略者的狼心狗肺昭然若揭于天下！

正所谓：肤裂血洒笑敌仇，筋断骨碎不低头；气冲霄汉惊鬼神，志壮华夏斗倭寇！

铁血柔情感天地

1936年8月2日凌晨，赵一曼耷拉着在酷刑拷问中被敌人用战刀刀背砍断臂膀的右手，被荷枪实弹的日军押进了去珠河的火车上。赵一曼清楚地知道此行意味着什么。

赵一曼初到东北时曾以诗言志，表达自己矢志报国，为革命献身的思想感情。她在一首题为《滨江抒怀》的诗中写道：

誓志为国不为家，涉江渡海走天涯。
男儿岂是全都好，女子缘何分外差？
未惜头颅新故国，甘将热血沃中华。
白山黑水除敌寇，笑看旌旗红似花。

在这生命的最后时刻，赵一曼的面部神态是那样的坦然、安详，她对死神的降临没有显现出丝毫的怯懦和畏惧！她凭倚车窗向外望去，沉思的双眼里流露出的是一种遗憾！她内心深处最大的遗憾是：自己未能看到侵略者的失败下场！也不能亲眼目睹新中国的诞生。

在这生命的最后时刻，赵一曼最为思念和牵挂的是她唯一的宝贝儿子“宁儿”——

“宁儿”孕育在前苏联，生在湖北宜昌的一户工人家里。

赵一曼到宜昌后，住在宜昌城大南门至一马路江边的一间民房里。在她的革命工作开展了近三个月的时候，春节临近了，她也快到预产期了。这时，房东老太太向赵一曼下了“逐客令”，原因是宜昌有一种老风俗，不能让外人在自己家里生孩子，若让外人在家里生孩子，“就会断自家的香火”。

当时，赵一曼冒着刺骨的寒风，沿着大街小巷，漫无目的地走着，天色已晚，她只得在附近一家门前的稻草堆里躺下。幸好，第二天一位工人开门发现了这位备受折磨的孕妇，把赵一曼领到了自己家里，让妻子细心照料她生下了孩子。

那时赵一曼给自己的儿子取了个小名叫“宁儿”，意思是希望天下的孩子和母亲都能过上安宁幸福的生活。

在“宁儿”出世还不到1个月的时间，那位帮助过赵一曼的码头工人就遭遇到警方的关押。为了赎出这位工人，赵一曼就跑到街上卖掉了丈夫陈达邦送给她的那枚心爱的金戒指。就在首饰店卖戒指的时候，她却被便衣特务盯上了梢，而暴露了身份。赵一曼不得不在当天夜晚，冒着寒风，身背“宁儿”趁着夜色悄悄地坐上了开往上海的轮船。

“九·一八”事变后，党决定派一批干部去东北工作，当时赵一曼积极请求组织派她前往。出发前，她强忍着难以割舍的母子情，将“宁儿”送到武汉陈琮英的堂兄家里，托他抚养。

赵一曼在故乡有一位好友叫郑双璧。在赵一曼前往东北抗日前线时,将一张极为珍贵的她与“宁儿”的合影照寄给了郑大姐,赵一曼请郑双璧大姐在适当的时间将照片转交给二姐李坤杰。赵一曼在信中还告诉亲友:此次去抗日前线,万一再也不能回来了,就请亲友们带上这张照片,去宜昌寻访当年帮助救济过他们母子俩的宜昌工人夫妻,也请亲友们用这张照片去联络丈夫陈达邦和“宁儿”……

“宁儿啊，宁儿！妈妈多么想念你啊！……”赵一曼在心底里不住地念叨着。

赵一曼向押送她的特务科长山浦公久手里要了一支笔。山浦公久以为，在行刑前赵一曼惧死而真的要开口求饶了，慌忙从本子上撕下一张纸递给了赵一曼。然而，在短暂的时间内，赵一曼却是给幼小的儿子写了两份催人泪下，内容不尽相同的遗书，给她的孩子留下了一份极其珍贵的遗言：

“宁儿：母亲对于你没有能尽到教育的责任，实在是遗憾的事情。母亲因为坚决地做了反满抗日的斗争，今天已经到了牺牲的前夕了。母亲和你在生前是永久没有再见面的机会了。希望你，宁儿啊！赶快成人，来安慰你地下的母亲！我最亲爱的孩子啊！……母亲不用千言万语来教育你，就用实际行动来教育你。

在你长大成人之后，希望不要忘记你的母亲是为国而牺牲的！（一九三六年八月二日。你的母亲赵一曼于车中。）”

“亲爱的我的可怜的孩子啊！……母亲到东北来找职业，今天这样不幸的最后，谁又能知道呢？……母亲的死不足惜，可怜的是我的孩子，没有能给我担任教养的人。母亲死后，我的孩子要替代母亲继续斗争，自己壮大成人，来安慰九泉之下的母亲！……你的父亲到东北来死在东北，母亲也步着他的后尘。……我的孩子，亲爱的可怜的我的孩子啊！……母亲也没有可说的话了。我的孩子自己要好好学习，就是母亲最后的一线希望！（一九三六年八月二日。在临死前的你的母亲。）”

这两份充满了舐犊之情、报国之意的遗书字迹刚劲清秀（现陈列在中国人民革命军事博物馆抗日战争馆里）。赵一曼这两份字字千钧的绝笔，浸透着母爱的纯洁美丽，也展现了中国共产党人为国家、为民族、为人民甘愿献出一切的共产主义精神和大无畏革命气概！表达了一个坚贞不屈的母亲对自己最亲爱的孩子寄予的无限希望。这不仅是赵一曼写给她儿子的，也是赵一曼乃致于所有革命先烈留给所有后来者的祈愿。信中记录的是悲壮的历史，是中华民族的伟大性格，是中华民族对独立自由的不懈追求，它是一个历程，更是一座丰碑！

有这样英雄儿女的民族，称得起尊严；不忘这样优秀儿女的民族，称得起伟大！

正所谓：背井离乡驱外患，别夫舍子赴国难；亲情似海胸中藏，血泪遗书传人间！

浩气永存在人间

当天色刚刚放亮，赵一曼就被敌人拖了出来。在她的周围站满了面目狰狞、全副武装的日本军警。在公开处决前，敌人将赵一曼捆绑在一辆马车上游街示众。赵一曼吃力地撑起伤痕累累的身体，强忍万箭钻心的伤痛，昂然端坐在马车上，气势昂扬，视死如归。她一路激昂地高声唱着《红旗歌》："民众的旗，血红的旗，收敛着战士的尸体，那尸体还没有僵硬，鲜血已染透了红旗。高高举起呀，血红的旗，誓不战胜总不放手，畏缩者你滚就滚你的吧，我们坚决死守保卫红旗！……降下了旗帜妥协请愿来，屈膝于资本家是谁呀？那就是黄金与地位所诱惑着的，又卑鄙又无耻的人们呀！……我们红旗永远高举，我们前进永不间断，牢狱和断头台你来就来你的，这就是我们的告别歌。高高举起呀，血红的旗，誓不战胜总不放手，畏缩者你滚就滚你的吧，我们坚决死守保卫红旗！”沿途无数群众赶来为英雄送行，更是被英雄的大义凛然、威武不屈的壮举而感动得热泪盈眶。

马车来到珠河县城的小北门外，刑场就在小北门外的荒地上。临刑前，赵一曼坚定地对鬼子军官说：“为抗日斗争而死是光荣的！刽子手，动手吧！我要亲眼看着你们的子弹是怎样射穿抗日者的胸膛！”4 名宪兵端起步枪瞄准了她。她态度从容，毫无惧色，挺胸昂首，微笑着对着那黑洞洞的枪口，举起铐着手铐的双臂用尽全力高呼：“打倒日本帝国主义！”、“中国共产党万岁！”等口号。

对此，敌人资料记载说：“其态度从容，毫无惧色，令人震惊！”

刺耳的枪声响了，赵一曼慢慢倒下了。大地浸透在新鲜透明的血液中，在星星与曙光的交相辉映下，露出一抹灿红。

党的忠诚女儿、杰出的爱国者、抗日民族女英雄赵一曼以 31 岁的年轻生命和壮烈的战斗历程，谱写出了一曲光辉的生命之歌！她热血洒地，壮志烛天，她和白山黑水安卧在一起，她和蓝天沃野永驻在一起！……她给人们留下一帧安详文弱、面庞俊美、秀目含笑的遗照。照片上的赵一曼梳短发、椭圆脸、面容秀丽，而又透露出一股倔强，一股英气……引起后人无穷的哀思和崇敬！她永远活在华夏儿女的心中！

赵一曼为中国人民的解放事业坚贞不屈的英雄气概和视死如归的崇高气节，将千古传颂！

女解放向

朔风在大地上呼啸，白雪在天空中飞舞，长白山为她肃穆，松花江为她呜咽……久久地为抗日女英雄赵一曼奏着摧人心扉的哀乐！

赵一曼唯一的宝贝儿子“宁儿”后来取名叫陈掖贤。

1942 年，“宁儿”的父亲陈达邦从国外回到武汉，父子团圆。从那时起，父子俩就开始寻找着自己的亲人，可一直到中华人民共和国成立，“宁儿”也没有找到妈妈的下落。

1950 年，电影《赵一曼》上映了，陈掖贤看了很多遍电影《赵一曼》，却一直不知道赵一曼就是他的生身母亲李坤泰。

就在电影《赵一曼》在全国频频上映的时候，一天，郑双璧大姐将当年赵一曼寄给她的那张母子合照交给了赵一曼的姐姐李坤杰。姐姐李坤杰双手捧着照片，顿时眼泪夺眶而出：“啊，这就是幺妹！瞧她怀里抱的孩子，多漂亮，眼睛那么大，多么美，多么有神！”

后来，李坤杰通过多方打听，又将照片寄到了哈尔滨东北烈士纪念馆，才证实了照片上的母子就是李坤泰和她在宜昌生的儿子“宁儿”——陈掖贤。

赵一曼的二姐李坤杰很快同在北京国家机关工作的陈达邦及在中国人民大学读书的陈掖贤联系上了，当陈达邦和儿子从照片上看到李坤泰母子俩的容颜，父子俩泪眼模糊，百感交集。

“宁儿”陈掖贤结婚后为赵一曼生了两个可爱的孙女，大孙女陈红在宜宾由二姐李坤杰的长女肖幼卿抚养成人，二孙女旅居于国外。陈掖贤 1955 年从中国人民大学毕业，分配到北京市工业学校（后改为北京工业学院）任教，1982 年病逝，终年 55 岁。

中国共产党和中国人民永远也不会忘记赵一曼这位为了中华民族的解放而英勇献身的优秀儿女。

中华人民共和国成立以后，为了进一步赞颂、褒扬赵一曼这位巾帼英雄，1961 年 8 月 9 日，朱德委员长曾题词："革命英雄赵一曼烈士永垂不朽！"

其他党和国家领导人也先后为赵一曼题词——

郭沫若题词："蜀中巾帼富英雄，石柱犹存良玉踪。四海今歌赵一曼，万民永忆女先锋。青春换得江山壮，碧血染将天地红。东北西南齐仰首，珠河亿载漾东风。"

董必武题词："革命潮声杂鼓鼙，宜宾儿女动深闺。焉能照旧营生活？奋起从军弁易笄。北伐旗开胜未终，叛徒决策反工农。招来日寇山东阻，民族危机迫再逢。北去南来党命御，不因负病卸仔肩。工农解放须参与，抗日矛头应在先。抗倭未胜竟成俘，不屈严刑骂寇仇。自是中华好儿女，珠河血迹史千秋。"

宋庆龄题词："赵一曼烈士为抗日坚贞不屈。"

陈毅题词："生为人民干部，死为革命英雄。临敌大节不辱，永记人民心中。"

聂荣臻题词："赵一曼同志早在二十年代就参加了我党领导的轰轰烈烈的革命斗争，并为民族解放献出了最宝贵的生命！表现了中华女儿的英雄气概和共产党员的高贵品质。她的伟大的英雄形象和光辉业绩永远激励着中华儿女坚忍不拔开拓前进，为全人类的解放奋斗不息！抗日民族英雄赵一曼烈士永垂不朽！”

何香凝题词：“女中模范。”

……

赵一曼的英雄事迹先后被拍成电影、电视、戏剧，辉映荧屏、舞台；赵一曼的英雄事迹还被载入了传媒、课本、史册，她的光辉形象也永远铭刻在亿万中国人民的心中。

东北光复后，为了永远纪念抗日民族英雄赵一曼，当地政府将当年赵一曼遭受酷刑的原哈尔滨市伪警察厅改建为东北烈士纪念馆。同时，将赵一曼从医院逃离哈尔滨时所经过的一条主要街道“山街”改名为一曼大街，以志永久纪念。赵一曼的青铜雕像就伫立在一曼大街的广场上。她还是当年的模样，依然挺胸昂首，英武神威！齐耳短发被风扬起，身上的羊皮袄挂满莽原上的霜雪，腰里还是插着那支盒子枪。她的眼睛里饱含着深情，日夜注视着这块自己曾经生活、战斗过的，也被自己的鲜血浸透的土地！……

在赵一曼烈士的家乡宜宾市，也建立了赵一曼烈士纪念馆。宜宾还将位于白花镇白杨嘴村的烈士故居改建为烈士陈列室，在白花镇中学和赵一曼曾就读过的宜宾市二中分别塑起了汉白玉烈士像，供千千万万人来敬拜和瞻仰。在宜宾市风景秀丽、松柏长青的翠屏山上“赵一曼纪念馆”里就陈列着党和国家领导人为赞颂和弘扬抗日民族女英雄赵一曼为共产主义事业和民族解放英勇献身的革命精神的题词。

党的好女儿、忠贞的抗日民族英雄赵一曼虽已逝去，但她胸怀壮志，意志坚强，不屈不挠的崇高的民族气节和对党的事业忠贞不渝的革命品格以及从她身上放射出的伟大的民族精神，将永远是中国人民前进道路上的一面鲜红的旗帜！

正所谓：生为豪杰壮河山，死亦英雄感苍天；八方讴歌齐称颂，万世敬仰赵一曼！

（注：本书在编写过程中，参考了徐光荣写作的《赵一曼》及别的相关资料，在此一并表示衷心的感谢！——作者）